Zen para Cristãos

Kim Boykin
Prefácio de Gerald G. May

Zen para Cristãos

Guia para Principiantes

Tradução
EUCLIDES LUIZ CALLONI
CLEUSA MARGÔ WOSGRAU

EDITORA PENSAMENTO
São Paulo

Título original: *Zen for Christians — A Beginner's Guide.*
Copyright © 2003 Kim Boykin. Todos os direitos reservados.
Tradução autorizada da edição em inglês, publicada pela Jossey-Bass, Inc., uma divisão da John Wiley & Sons, Inc.
Fotos das posturas de meditação copyright © 1998 Skip Nali; cortesia da MKZC.
Fotos de Buda, cortesia da www.siamese-dream.com
Foto de Hotei, cortesia de Joanne Clapp Fullagar.
Todos os direitos reservados. Nenhuma parte deste livro pode ser reproduzida ou usada de qualquer forma ou por qualquer meio, eletrônico ou mecânico, inclusive fotocópias, gravações ou sistema de armazenamento em banco de dados, sem permissão por escrito, exceto nos casos de trechos curtos citados em resenhas críticas ou artigos de revistas.

A Editora Pensamento-Cultrix Ltda. não se responsabiliza por eventuais mudanças ocorridas nos endereços convencionais ou eletrônicos citados neste livro.

Dados Internacionais de Catalogação na Publicação (CIP)
(Câmara Brasileira do Livro, SP, Brasil)

Boykin, Kim, 1966-
  Zen para cristãos : guia para principiantes / Kim Boykin ; prefácio de Gerald G. May ; tradução Euclides Luiz Calloni, Cleusa Margô Wosgrau. -- São Paulo : Pensamento, 2005.

  Título original: Zen for Christians : a beginner's guide
  Bibliografia.
  ISBN 85-315-1417-7

  1. Biografia espiritual 2. Boykin, Kim, 1966- 3. Cristianismo e outras religiões - Zen Budismo 4. Vida espiritual - Zen Budismo 5. Zen Budismo - Relações - Cristianismo I. May, Gerald G. II. Título.

05-7166   CDD-261.243927

Índices para catálogo sistemático:
1. Cristianismo e Zen Budismo : Religião   261.243927
2. Zen para cristãos : Religião   261.243927

O primeiro número à esquerda indica a edição, ou reedição, desta obra. A primeira dezena à direita indica o ano em que esta edição, ou reedição, foi publicada.

Edição   Ano
1-2-3-4-5-6-7-8-9-10-11   05-06-07-08-09-10-11

Direitos de tradução para a língua portuguesa
adquiridos com exclusividade pela
EDITORA PENSAMENTO-CULTRIX LTDA.
Rua Dr. Mário Vicente, 368 — 04270-000 — São Paulo, SP
Fone: 6166-9000 — Fax: 6166-9008
E-mail: pensamento@cultrix.com.br
http://www.pensamento-cultrix.com.br
que se reserva a propriedade literária desta tradução.

Impresso em nossas oficinas gráficas.

Sumário

Prefácio de Gerald G. May 7

Convite à Prática do Zen 11
Prática: Zazen: Contagem da Respiração 15

1 Como me Tornei Praticante Cristã do Zen 27
Prática: Meditação Andando 43

2 A Libertação do Sofrimento Segundo o Budismo 45
Prática: Observação dos Pensamentos 63

3 Ensinamentos Zen e Ensinamentos Cristãos 69
Prática: Zazen: Seguindo a Respiração 85

4 Iluminação: Já e Ainda Não 89
Prática: Praticando com Tudo 103

5 Integração da Prática do Zen à Vida 109
Prática: Zazen: Shikantaza, ou "Apenas Sentar-se" 121

Um Pensamento a Mais: Se Realmente Vale a Pena Fazer, Convém Fazer Mesmo que Malfeito 127

Leituras Recomendadas 129
Notas 134
Agradecimentos 143

Para Brian

Prefácio

Eu gostaria de ter lido este livro quando comecei a estudar o Budismo. Tudo teria sido bem mais fácil. A minha primeira experiência com o Zen foi como um treinamento militar espiritual — totalmente desagradável. O instrutor vociferava ordens e os alunos tentavam desesperadamente executar tudo de modo perfeito. Não havia um momento sequer de alívio, nenhum sopro de humor. É verdade que a prática zen de sentar-se pode ter seus momentos desagradáveis, seja ela apresentada da maneira que for. Como diz um ditado budista americano, "A mente é uma coisa terrível de se observar." Mas a mente também pode ser alegre, e o Zen deve ter um lado mais leve. Hoje eu desconfio de todo ensinamento espiritual que não tenha humor, mas naquela época eu estava apenas começando. Como os outros alunos naquela primeira turma, eu acreditava que só me aconteceria algo de bom se eu seguisse todas as instruções de modo perfeitamente correto. Mas tudo o que eu sentia era muita dor e frustração; por isso, achava que estava fazendo alguma coisa errada. Eu era um fracasso.

Teria sido tão bom ter este livro naquela época, entrar em contato com o estímulo leve e com o bom humor de Kim Boykin e ouvi-la dizer que fazer as coisas de modo correto não é o mais importante. Mas eu teria de esperar; o ano era 1972, e Kim Boykin estava longe do seu primeiro sentar-se à maneira zen.

Como muitos americanos que estudam o Budismo, minha formação em religião ocidental tradicional era bastante sólida. Meus pais, metodistas, verificavam se eu rezava regularmente e se freqüentava a escola dominical. Eu conhecia as histórias de Jesus e até achava que tinha uma relação pessoal estreita com ele. Ao crescer, porém, primeiro fiquei frustrado e depois irritado com o que via como hipocrisia nas pessoas da minha igreja. Elas não só usavam com freqüência a religião como desculpa para a arrogância moral, mas também resistiam a qualquer questionamento de suas crenças. Elas não pareciam interessadas em aprofundar-se na vida espiritual.

Eu não compreendia por quê, mas definitivamente queria ir muito além. Já adulto, procurei uma igreja local que acolhesse as minhas dúvidas e angústias, mas não encontrei nenhuma. Procurei uma comunidade religiosa que me ensinasse sobre a vida interior espiritual, sobre oração e meditação, e não achei. Por isso, quando comecei a estudar as religiões orientais, eu já levava alguma bagagem comigo. A Igreja, como eu a conhecia, não conseguira satisfazer as minhas necessidades, e assim eu carregava as minhas angústias espirituais para outros lugares. Ou assim eu acreditava.

No fim, o que me surpreendeu foi que as minhas incursões pelo Budismo me levaram a uma espécie de círculo, de volta às minhas raízes cristãs. Com o passar do tempo, as práticas budistas de algum modo me revelaram os preciosos recursos da tradição cristã contemplativa que sempre estiveram à disposição, embora escondidos sob o cerimonial da religião popular.

Eu não estava sozinho nessa experiência. Nos meus trinta anos de trabalho no Instituto Shalem, encontrei muitas pessoas para as quais suas igrejas e sinagogas se ressentiam da falta de espiritualidade. A maioria dessas pessoas alimentava um anseio simples, angustiado, de "alguma coisa mais". Elas não sabiam claramente sobre o que queriam, mas sabiam que estavam sedentas. Em sua busca, muitas se voltavam para o Oriente e viviam exatamente a mesma experiência que eu havia vivido — a descoberta de que a sua própria tradição original era profundamente substanciosa. O fenômeno acontecia com tanta freqüência que lhe demos um nome: "peregrinação para casa".

É nessa peregrinação para casa que recursos como este livro se tornam sumamente importantes; eles dão orientação e alimento difíceis de encontrar em outros lugares. Uma pessoa que inicia uma jornada interior espiritual consciente pode ter muita dificuldade em saber onde encontrar o alimento verdadeiro. Como sociedade, fomos inundados com receitas fáceis e rápidas de auto-ajuda espiritual e psicológica. Embora muitas delas sejam bem-intencionadas, elas freqüentemente não oferecem a verdadeira satisfação que as pessoas procuram. Um sanduíche rápido pode acalmar a fome por um pouco de tempo, mas é preciso um alimento preparado com cuidado e dedicação para alimentar as camadas mais profundas de modo permanente.

Nesse sentido, Kim Boykin é uma excelente cozinheira. Neste livro (que ela mesma compara a um manual de receitas culinárias), ela oferece receitas nutritivas que hão de satisfazer a sua fome. No texto, Kim conta a história da sua própria peregrinação. Talvez seja devido à sua formação religiosa pouco comum que ela consegue ficar livre da "bagagem" negativa que tão freqüentemente se insinua nos debates religiosos. Ela não tem interesses específicos com relação a nenhuma religião, nem tampouco um programa psicológico a impor ao leitor. Ela apenas apresenta o material que tem de maneira simples, clara, direta e com uma leveza e humor que nos deixam imediatamente à vontade.

Ao mesmo tempo, ela não teme abordar as questões espinhosas que inevitavelmente surgem quando cristãos se voltam para o Zen. Que semelhanças existem entre o Zen e o Cristianismo? Quais são as diferenças? O que significa realmente para um cristão praticar o Zen-budismo? Significa negar a fé cristã, ou o Zen-budismo pode levá-lo a aprofundar sua fé?

Kim trata dessas questões com mais coerência e lucidez do que outros autores que conheço, e ela ensina a prática zen com tanta clareza e suavidade como ainda não vi em outros lugares. Este é um alimento verdadeiramente excelente. Eu apenas gostaria de tê-lo saboreado quando comecei.

Bethesda, Maryland
Fevereiro de 2003

Gerald G. May
Senior Fellow, Shalem Institute
www.shalem.org

Convite à Prática do Zen

Zen para Cristãos é um guia para principiantes no Zen, escrito especialmente para cristãos. O livro entremeia instruções detalhadas sobre meditação zen, uma introdução aos ensinamentos do Zen e reflexões sobre o Zen em relação ao Cristianismo. Todo o seu conteúdo está baseado nas aulas introdutórias sobre Zen que venho ministrando nos últimos cinco anos em igrejas e em programas noturnos de educação de adultos.

"Zen para cristãos" não significa Zen *adaptado* para cristãos, do mesmo modo como "ioga para gravidez" significa ioga direcionada para mulheres grávidas. Neste livro, o Zen é o Zen puro e simples[1], mas apresentado especialmente para cristãos. Eu conto a história da minha experiência pessoal com o Zen e com o Cristianismo. Trato de questões de interesse e preocupação específicos dos cristãos. E analiso algumas observações semelhantes que o Zen e o Cristianismo fazem sobre a experiência de sermos seres humanos.

Zen é um modo de libertação do sofrimento — tanto do sofrimento pessoal como do sofrimento que causamos aos outros. Zen é uma tradição prática e vivencial, centrada numa forma de meditação que pode ser praticada por pessoas de todas as religiões e também por aquelas que dizem não ter religião. A prática do Zen diz respeito à abertura de uma consciência compassiva a toda a realidade e à percepção de que a alegria e a liberdade a que aspiramos estão disponíveis aqui e agora, em meio ao caos, à dor e à confusão das nossas vidas.

Zen é um modo de desprendimento, em dois sentidos da palavra. Primeiro, é uma forma de experienciar diretamente o que o Budismo chama de "não-eu" — percebendo que a distinção entre "eu" e "não-eu" não é tão clara e definida como normalmente acreditamos que seja, e vivenciando a interconexão e interdependência de todas as coisas. Segundo, é um modo de desprendimento, de altruísmo, em oposição a egoísmo — uma maneira de ser útil em vez de prejudicial, uma atitude de compaixão por tudo e por todos, inclusive por nós mesmos. Essas duas formas de desprendimento estão ligadas. Quanto mais plenamente vivemos a realidade desde a perspectiva do não-eu, mais nos livramos da tirania de um "eu" ilusório e mais nos abrimos para uma vida de alegria e compaixão desapegadas.

Zen é uma tradição religiosa peculiar. Muitas pessoas nem mesmo o classificariam como "religião". Zen não tem relação com doutrinas ou crenças; nem com culto ou devoção. O Zen não é teísta, mas também não é ateu, e nem mesmo agnóstico. O Zen simplesmente não trata da questão Deus. No Zen, Buda não é considerado um deus, um messias ou um ser sobre-humano, mas um ser humano comum que descobriu um modo de libertação do sofrimento e ensinou esse modo a outras pessoas.

O monge trapista Thomas Merton diz que comparar o Zen com o Cristianismo é como comparar tênis com matemática[2]. Penso que Zen e Cristianismo são mais semelhantes do que isso (e Merton provavelmente também, uma vez que faz essa afirmação em *Zen e as Aves de Rapina,** um livro cheio de comparações entre as duas tradições), mas eu *diria* que praticar o Zen sendo cristão é como jogar tênis sendo matemático. Se você é matemático e quer jogar tênis, você simplesmente continua sendo matemático e também joga tênis. Não há nenhum truque especial nisso. Você não precisa vestir bermudas e calçar tênis para fazer cálculos matemáticos, e também não precisa pensar em equações diferenciais[3] enquanto joga tênis. Se você é cristão e quer praticar o Zen, simplesmente continue sendo cristão e também pratique o Zen.

Os cristãos descobriram que a prática do Zen pode ser um modo muito eficaz de alimentar a nossa capacidade de amar a Deus, ao próximo e a nós mesmos, e a nossa capacidade de dizer a Deus, do fundo do coração e em qualquer circunstância, "Seja feita a vossa vontade" — a vossa vontade, não a minha.[4] De modo particular, a prática do Zen pode ser uma força concreta que nos ajuda a ver e a rejeitar tudo o que se interpõe no caminho do amor a Deus e à sua criação e de abertura à vontade divina.

Naturalmente, a tradição cristã nos oferece as suas próprias práticas espirituais para nutrir a nossa capacidade de amar a Deus e a criação e para nos

---

*Publicado pela Editora Cultrix, São Paulo.

abrir à vontade de Deus. Neste livro, apenas ofereço o Zen como outra prática espiritual que você pode experimentar. Eu o convido a incorporar a prática zen à sua vida como cristão, à semelhança do que muitos outros cristãos, leigos e ordenados, protestantes e católicos, já fizeram.

Como o Zen é fundamentalmente uma prática — algo que você faz, algo que você vivencia — os seus aspectos essenciais não podem ser assimilados apenas lendo sobre ele. Nesse sentido, o Zen se assemelha a qualquer atividade que você aprende através da prática e da experiência, como jogar tênis, dirigir um carro ou fazer pão. Você pode obter informações úteis e interessantes lendo sobre ele, mas é entrando na quadra e rebatendo algumas bolas, entrando num carro e dirigindo, sovando a massa e deixando-a crescer que você aprende a fazer e entende realmente do que se trata.

Por isso, ler este livro é como ler um livro de culinária. As receitas estão no livro de culinária não apenas para ser lidas, mas para orientá-lo na preparação de algo para comer. Neste livro, as seções práticas são as receitas, e os capítulos ajudam a compreender melhor as receitas e a apreciar com mais satisfação os pratos. A relação de leituras recomendadas apresentada no fim do livro diz onde você pode aprender mais sobre esses pratos e onde conseguir os ingredientes que não encontra no supermercado local. Eu o convido a provar algumas receitas — não apenas a ler sobre sabores, texturas e aromas do Zen, mas a experimentá-las concretamente.

Prática

Zazen: Contagem da Respiração

A palavra japonesa *zen* significa meditação, e a prática essencial do Zen é o *zazen*, ou meditação na posição sentada. Este livro contém instruções para três formas ligeiramente diferentes de zazen e vários outros métodos de meditação. Começaremos com uma prática de meditação zen básica, chamada de contagem da respiração.

Preparação

Encontre um local relativamente sossegado, onde possa sentar-se sem ser incomodado. Com o tempo, você será capaz de fazer zazen em praticamente qualquer lugar, mas, especialmente no início, é recomendável um local tranqüilo. Se possível, reduza a intensidade da luz, deixando o espaço em meia-claridade.

Vista roupas confortáveis, folgadas. Não use nada que prenda a respiração; por isso, se estiver com o cinto apertado, solte-o e desabotoe um ou dois botões. Tire os sapatos. Use ou não meias, como preferir.

Você também precisa de uma almofada que fique com alguns centímetros de espessura ao ser comprimida. Experimente usar um travesseiro dobrado ao meio ou um cobertor enrolado, ou coloque uma almofada de sofá no chão e sente-se na borda.

Se você tem intenção de transformar o zazen numa prática regular, recomendo que adquira um *zafu* ou um banco *seiza*. Zafu é uma almofada redonda para meditação, com cerca de 30 cm de diâmetro e uns 15 cm de espessura, tradicionalmente preta ou marrom, com enchimento de paina de uma planta fibrosa chamada capoque ou samaúma. Uma variação recente é um zafu preenchido com casca de trigo-sarraceno. O banco seiza é um banquinho de madeira, com 15 a 20 cm de altura, usado para ajoelhar-se. (Bancos desse tipo podem ser encontrados nos centros de retiro cristãos, onde são chamados de bancos de oração ou genuflexórios.)

O zafu ou o banco seiza é tradicionalmente colocado sobre um *zabuton*, uma esteira grossa, geralmente quadrada, sobre a qual os joelhos e as pernas descansam. Para a posição de pernas cruzadas, um assoalho acarpetado normalmente é suficiente; mas para as posições ajoelhadas é recomendável uma almofada mais grossa. Um ou dois cobertores dobrados ao meio duas ou três vezes podem servir como zabuton.

O único equipamento de que você precisa para a prática zen é algo confortável em que possa se sentar, embora catálogos de produtos budistas e anúncios em revistas budistas procurarão vender-lhe todo tipo de material. A relação de leituras recomendadas apresentada no fim deste livro inclui fornecedores de zafus, zabutons, bancos seiza e outros materiais.

Como Sentar-se

Você precisa encontrar uma posição sentada que lhe permita manter a coluna ereta e que lhe facilite ficar estável, imóvel e relativamente confortável. A meditação zen não leva em consideração a mente apenas, mas a pessoa inteira, o conjunto corpo-mente. Uma postura alerta dá sustentação a uma mente alerta, e uma mente alerta sustenta uma postura alerta.

Há milênios já foi comprovado que as posições de pernas cruzadas são excelentes para meditação — *se* você conseguir adotar uma delas com certo conforto. Uma posição com bons resultados para muitas pessoas é a assim chamada posição birmanesa, em que as panturrilhas descansam no chão à sua frente, paralelas uma à outra, e não realmente cruzadas (ver Figura 1). Se você for razoavelmente flexível, pode tentar a posição de meio-lótus, em que uma das panturrilhas fica apoiada no chão e a outra se sobrepõe à primeira, com o pé descansando sobre a coxa oposta (ver Figura 2). Essa posição torce um pouco a coluna para um lado; por isso, se você a assume regularmente, é recomendável alterar a disposição das pernas de vez em quando para que a coluna possa tender para o lado contrário. Para os excepcionalmente flexíveis, a postura clássica para meditação é a posição de lótus inteiro, em que cada pé descansa sobre a coxa oposta (ver Figura 3). Essa é a posição mais equilibrada e estável; mas eu conheço muito poucos praticantes de Zen que se sentam habitualmente em lótus inteiro; para a maioria das pessoas, essa posição é impossível ou dolorosa, mesmo com prática.

Em todas as posições de pernas cruzadas, sente-se na metade anterior do zafu para que ele funcione como uma espécie de cunha, elevando as nádegas do chão e possibilitando que os joelhos toquem o assoalho. Se um ou ambos os joelhos não tocarem o chão no início, não se preocupe. Sentando-se regularmente numa posição de pernas cruzadas, com o tempo você se soltará.

Uma posição de pernas cruzadas que você *não* deve usar é a posição comum "estilo indiano" ou "alfaiate", em que as panturrilhas se cruzam, os dois pés ficam apoiados no chão e os joelhos se erguem no ar. Além de interromper facilmente a circulação nas pernas, essa posição não ajuda a manter a coluna ereta.

Você também pode adotar uma posição ajoelhada, por muitos considerada mais confortável que uma posição de pernas cruzadas. Ajoelhe-se com os joelhos afastados e os pés nas laterais do zafu; sente-se na metade anterior do zafu. Se quiser mais altura, vire o zafu, deixando-o mais alto. Nesse caso, os joelhos dobrarão num ângulo menos agudo, mas você poderá sentir um pequeno desequilíbrio. Ou você pode usar um banco seiza: ajoelhe-se; posi-

Figura 1. Posição birmanesa.

Figura 2. Meio-lótus.

cione o banco seiza com o assento inclinado para a frente e envolvendo as panturrilhas; feito isso, sente-se no banco (ver Figura 4).

Você também pode se sentar numa cadeira. Sente-se com as costas retas e os pés firmemente apoiados no chão, afastados a uma distância correspondente à largura dos ombros. Não se encoste no espaldar da cadeira (ver Figura 5). Será mais fácil manter essa postura se você colocar um zafu (ou o seu zafu improvisado) no assento da cadeira para servir de cunha, de modo que as coxas fiquem inclinadas dos quadris para os joelhos, em vez de ficarem paralelas ao solo. Se você não tiver uma almofada para dar essa inclinação às coxas, recomendo que coloque uma pequena almofada entre o encosto da cadeira e a região lombar para nela apoiar-se e manter as costas retas.

Recomendo que você experimente várias posições para sentir a qual delas o seu corpo se adapta melhor. Mas, por favor, não queira forçar o corpo a posições que poderão estressar ou machucar os quadris, as pernas ou os joelhos!

Em todas as posições sentadas — de pernas cruzadas, ajoelhado ou sentado numa cadeira — incline o topo da pelve para a frente, de modo a formar uma curva na região lombar, com o abdômen projetando-se para a frente e as nádegas projetando-se para trás. (Observe que esse é exatamente o

Figura 3. Lótus inteiro.

oposto de uma postura relaxada, em que a parte superior da pelve pende para trás.) A inclinação da pelve para a frente e a curvatura da região lombar ajudam a manter as costas eretas com um esforço mínimo dos músculos. E a inclinação das coxas para baixo, dos quadris aos joelhos, ajuda a manter a pelve projetada para a frente.

Sente-se com a coluna esticada e ereta, mas não rígida. Imagine-se empurrando o céu para cima com o topo da cabeça, ou que você é uma marionete presa a um cordão que o puxa para cima pela cabeça. A energia necessária para sentar-se ereto está toda na coluna. Deixe todo o resto do corpo solto e relaxado. O abdômen relaxa. Os ombros se soltam para baixo e para trás. Às vezes eu me imagino sendo um grande saco de lavanderia, pendendo solto e pesado de um cordão fixo no alto.

A cabeça assume uma posição vertical, com o queixo levemente inclinado para dentro, na direção do peito, e não projetado à frente e levantado. Vistas de perfil, as orelhas formam uma linha vertical com os ombros.

Mantenha a boca fechada (a não ser que esteja com congestão nasal e tenha dificuldade de respirar pelo nariz), com a língua pressionando levemente o palato para inibir a salivação.

Figura 4. Posição de joelhos.

Adotamos no zazen uma posição especial de mãos, ou *mudra*. Coloque a mão dominante — a direita, se for destro, e a esquerda, se for canhoto — no colo, com a palma voltada para cima. Posicione a outra mão sobre a primeira, palma para cima, com os nós medianos dos dedos quase se sobrepondo e os polegares se tocando levemente; a figura formada é oval. As mãos descansam no colo, tocando o abdômen; os braços e os ombros pendem soltos, sem tensões.

Fique com os olhos abertos, para prevenir a sonolência e manter a consciência do aqui e agora. O olhar, dirigido a uma distância de 90 a 120 cm à frente e para o chão, forma um ângulo de 45 graus com relação ao rosto. As pálpebras ficam relaxadas e caídas e o olhar, também sem tensões, é desfocado. Em alguns centros e mosteiros zen, o praticante se senta diante de uma parede e olha "através" dela para pousar o olhar num ponto imaginário entre 90 e 120 cm à frente.

Mantenha essa postura em total imobilidade durante todo o tempo da meditação — sem mudar a posição das pernas, sem remexer-se, sem coçar o nariz, sem ajeitar as costas — quer dizer, sem fazer movimento absolutamente nenhum. A professora de Zen Charlotte Joko Beck diz que o zazen é basicamente "um espaço simplificado"[5]. Nós nos sentamos totalmente imóveis

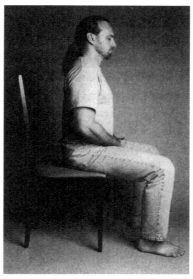

Figura 5. Posição sentada em cadeira.

num lugar silencioso e pouco iluminado para simplificar o nosso espaço — minimizar os estímulos — e dar a nós mesmos a oportunidade de ver o que está acontecendo no momento presente e de perceber com o que nossa mente se envolve quando não está no aqui e agora.

No início, você talvez sinta certo desconforto ao sentar-se em zazen por mais de alguns minutos. Observe se essa postura se acomoda com o passar do tempo, à medida que os músculos se acostumam à posição ereta e, se você adota a posição de pernas cruzadas, à medida que os músculos e as articulações se soltam. Por inacreditável que possa parecer inicialmente, essas posturas, na continuidade, são sem dúvida nenhuma o modo mais confortável de se sentar ereto e imóvel por um período mais longo de tempo. Se você se senta por vários períodos em seqüência, como é o procedimento em centros zen, você pode mudar de posição de um período para o outro, para aliviar a tensão do corpo — talvez simplesmente trocando a posição das pernas na postura birmanesa ou mesmo na de meio-lótus.

Ao sentar-se de pernas cruzadas, é possível que uma ou mesmo as duas pernas fiquem dormentes. Previna essa situação sentando-se um pouco mais para a frente ou para trás na almofada. Se está sentado em meio-lótus, ajuste o pé que está por baixo de modo que ele pressione o mínimo possível a coxa e a panturrilha opostas. Se as pernas amortecerem, não se preocupe. A menos que já tenha algum problema com as pernas ou quadris, nenhuma lesão ocorrerá por deixar as pernas nesse estado durante os cinco ou trinta e cinco minutos em que você permanecer sentado. Ao terminar, procure sentir as pernas antes de levantar-se para não correr o risco de cair.

Consciência da Respiração e dos Pensamentos

Uma vez na posição adequada, faça uma ou duas respirações lentas e profundas para recolher-se. Em seguida, deixe a respiração acontecer normalmente — rápida ou lenta, profunda ou superficial, regular ou irregular — sem manipulá-la de qualquer modo que seja.

Tome consciência da respiração — das sensações físicas que ela produz. Repouse a atenção no *hara*, um ponto localizado uns 5 cm abaixo do umbigo, que para o Zen representa o centro físico e espiritual do corpo. Sinta a respiração a partir desse ponto. Sinta o abdômen expandir-se na inalação e contrair-se na exalação.

Iniciando com a inalação, comece a contar silenciosamente as inalações e as exalações. Conte a inalação "um", exalação "dois", inalação "três", e assim por diante. Se chegar ao dez, recomece do um. Ao perceber que a atenção se dispersou e que você se perdeu na contagem, observe o pensamento com que você se envolveu — ou o pensamento mais recente de uma longa série — e retorne calmamente a atenção para a respiração, recomeçando a contagem do um. A palavra *pensamento* é usada aqui de modo geral, incluindo qualquer atividade mental: idéias, emoções, imagens, planos, lembranças, fantasias, julgamentos, o que quer que seja. Se os pensamentos vêm e vão sem distrair a sua atenção da contagem, não é preciso recomeçar do um; apenas continue contando. Se perceber que contou além de dez, volte novamente ao um.

Isso é tudo o que deve ser feito. Observe o pensamento que atraiu a sua atenção e então leve-a suavemente de volta à respiração, recomeçando a contagem do um. Observe o pensamento, volte à respiração, observe o pensamento, volte à respiração — sempre, sempre, sempre.

O propósito dessa prática não é contar até dez evitando todos os pensamentos a qualquer custo. Se você observa continuamente os pensamentos errantes e volta a atenção para a respiração depois de contar apenas uma respiração, ótimo. Se é possível dizer que existe uma razão para essa contagem, ela consiste em praticar a volta ao momento presente. Você observa continuamente os pensamentos que dispersam a atenção e a reconduz às sensações físicas da respiração, que está sempre acontecendo aqui e agora. Não há nada de errado com os pensamentos. Eles são intrínsecos à prática do Zen; é *a partir* deles que você retorna.

O zazen não exige esforço. Você não precisa tensionar os músculos, ranger os dentes ou aferrar-se à respiração até mais não poder ou tentar impedir a todo custo que pensamentos surjam. Como descobrirá por si mesmo, essas tentativas, de qualquer modo, são inúteis. O zazen apenas exige persistência — o compromisso de observar os pensamentos e voltar suavemente a atenção para a respiração, sempre, incessantemente.

Quanto e Quando Sentar-se

No início, sugiro que você se sente de cinco a dez minutos, uma ou duas vezes por dia. Depois de algumas semanas ou meses, se quiser sentar-se por mais tempo, aumente o período de prática um pouco por vez — por exemplo, sente-se um período a mais por dia ou acrescente cinco minutos aos períodos já habituais. Não é aconselhável praticar mais de quarenta e cinco minutos cada vez. Se quiser ampliar esse tempo, alterne os períodos de meditação sentada com breves períodos de meditação andando, conforme é descrito na próxima seção de prática.

Para cronometrar os meus períodos de meditação sentada, coloco um relógio no limite do meu campo de visão e o observo de vez em quando. Não recomendo o uso de um despertador ou de um relógio de cozinha porque o ruído que produzem é realmente uma forma assustadora de encerrar um período de meditação. Você pode comprar uma fita cassete ou um CD com um toque de sino que assinala o início do período, seguido de um tempo de silêncio, e então outro toque de sino indicando o término da meditação; ou você mesmo pode gravar uma fita ou um CD com essa marcação. Outra alternativa é queimar um incenso: você conclui a meditação quando o incenso termina de queimar.

É melhor sentar-se regularmente durante um período curto de tempo do que sentar-se de vez em quando por períodos longos, e é bom sentar-se todos os dias, ou pelo menos quase todos os dias. Também é recomendável sentar-se sempre à mesma hora, para que o zazen se torne um hábito e passe a fazer parte da sua rotina diária. O único momento inconveniente para o zazen é após as refeições, quando você provavelmente está sonolento e enfastiado. A primeira hora pela manhã e a última à noite são momentos propícios para muitas pessoas, mas você precisa descobrir o que se adapta melhor ao seu ritmo pessoal e ao ritmo da sua família.

Aspectos Principais da Contagem da Respiração

- Encontre uma postura sentada que lhe permita ficar com a coluna ereta e manter-se estável e completamente imóvel.
- Mantenha os olhos abertos, olhando para baixo num ângulo aproximado de 45 graus, olhar desfocado, pálpebras caídas.
- Faça uma ou duas respirações lentas e profundas. Depois, continue respirando normalmente.
- Repouse a atenção no *hara* (uns 5 cm abaixo do umbigo).
- Iniciando com a inalação, comece contando as inalações e exalações silenciosamente para si mesmo: um, dois, três,... Se chegar ao dez, recomece do um.
- Ao perceber que a atenção se dispersou e que você se perdeu na contagem, observe o pensamento e leve calmamente a atenção de volta à respiração, começando a contagem novamente do um. (Se os pensamentos que surgirem não desviarem a atenção da contagem, simplesmente continue contando.)

Observe o pensamento,
  volte à respiração,
    observe o pensamento,
      volte à respiração,
        observe o pensamento,
          volte à respiração,...

O Desengate da Marcha

O que segue é uma imagem do que acontece no zazen.

O motor da mente está em movimento incessante; e lá se vai a atenção, explorando toda a cidade, percorrendo todo o país e até cruzando fronteiras em direção a outros países. No zazen praticamos o desengate da marcha: mudamos a marcha para ponto morto, levando a atenção a deter-se e possibilitando a inatividade da mente.

Nossa maneira habitual de lidar com a vida é atropelar tudo, esperando encontrar um lugar onde as coisas se ajustem a nós, onde não haja sofrimento, onde possamos ser completamente felizes ou, pelo menos, mais felizes do que somos agora. Embora de fato possamos resolver alguns problemas mudando-nos para outro lugar, seguindo um novo rumo, pisando no acelerador ou reduzindo a velocidade a 5 km/hora, essas estratégias não resolverão os problemas fundamentais do sofrimento e da morte. Seja qual for o lugar para onde formos ou o rumo que tomarmos, por mais rápida ou lentamente que andarmos, não escaparemos do sofrimento e da morte.

Você provavelmente já sabe, ou pelo menos suspeita, que não há saída, ou então não estaria lendo um livro como este. Você tentou fugir. Tentou as vias interestaduais e as estradas secundárias. Percorreu terrenos acidentados no seu carro esportivo. Usou gasolina da melhor qualidade e pneus novos. Chegou até a apelar para a bicicleta. Nada disso funcionou. O sofrimento e a morte continuaram em seu encalço.

Estranhamente, a liberdade que buscamos não está na tentativa de evitar essa grande confusão em que estamos metidos, mas em parar exatamente aqui, no meio dela.

Alguns anos atrás, num grupo de estudos bíblicos, uma passagem de Isaías que parece expressar um sentimento semelhante me tocou profundamente:

Com efeito, assim diz o Senhor Iahweh, o Santo de Israel:[6]
Na conversão e na calma estaria a vossa salvação,
na tranqüilidade e na confiança estaria a vossa força,
  mas vós não o quisestes!
E dissestes: "Não, antes, fugiremos a cavalo!"
  Pois bem, haveis de fugir.
E ainda: "Montaremos cavalos velozes."
  Pois bem, os vossos perseguidores serão velozes.

Se insistirmos em fugir, seremos perseguidos. Se fugirmos velozmente, seremos perseguidos velozmente. Nossa salvação está em retornar e descansar.

Para descansar da nossa fuga, não precisamos desligar o motor do carro; basta desengatar a marcha. Quando desconectamos o mecanismo que liga as rodas ao motor, o carro pára no lugar, por mais que o motor gire. Não precisamos evitar os pensamentos, mas simplesmente observá-los e liberá-los. Então a atenção pode permanecer exatamente onde está, seja qual for a velocidade da mente. Sem dúvida, não há motivo para pisar no acelerador enquanto estamos em ponto morto, e assim o carro tende a diminuir de velocidade.

Esta, então, é a prática: quando percebemos que estamos nos extraviando, observamos onde estamos e desengatamos a marcha. Observamos o pensamento que nos desviou do caminho e levamos a atenção suavemente de volta à respiração. Em seguida, inevitavelmente, e até inconscientemente, engatamos a marcha, pisamos no acelerador e lá vamos nós... É isso que acontece; é essa exatamente a tendência da mente humana. Quando nos damos conta de que estamos correndo a cento e vinte por hora, observamos onde estamos e passamos para o ponto morto. Fazemos isso repetida e incessantemente: observamos para onde fomos e desengatamos a marcha.

Com prática, a tendência é ficarmos mais rápidos, na média, em perceber para onde fomos e em desengatar a marcha. Em vez de notar que não estamos mais em Los Angeles quando nos dirigimos para Nova Scotia, começamos a perceber em Nova York. Em seguida, começamos a perceber em Chicago, em Denver, em Grand Junation, em Las Vegas. De vez em quando percebemos logo que tomamos a estrada ou quando nos desviamos da rota que queríamos seguir.

Mas não importa quando percebemos para onde fomos. O essencial é perceber e desengatar a marcha. Viagens por estradas não são problema. A prática do Zen consiste em perceber quando começamos uma dessas viagens e em desengatar a marcha:

Observe para onde você foi,
　desengate a marcha,
　　observe para onde você foi,
　　　desengate a marcha,
　　　　observe para onde você foi,
　　　　　desengate a marcha,...

1

Como me Tornei Praticante Cristã do Zen

Eu cresci em Los Angeles, sem nenhuma tradição religiosa. Durante a minha infância, mamãe ora freqüentava ora se afastava da Igreja Unitarista e papai foi mórmon durante vários anos — isso aconteceu depois que eles se divorciaram. Às vezes eu ia à igreja com eles. Eu gostava mais da Igreja Unitarista porque podia usar calças jeans e porque fazíamos trabalhos manuais e artesanato. Durante cinco anos fui aos acampamentos de verão unitaristas onde tingíamos camisetas, cantávamos canções folclóricas e participávamos de jogos não-competitivos; as únicas regras eram: "Não faça nada que possa ferir outra pessoa" e "Não atire pedras". A minha avó, que se tornou uma renascida cristã já com bastante idade, ensinou-me algumas orações para rezar antes de dormir e me deu uma Bíblia para crianças que nunca li. E na escola primária particular que eu freqüentava cantávamos uma pequena oração antes do almoço e recitávamos a narrativa de São Lucas sobre o nascimento de Jesus nas representações teatrais de natal. Isso resume a minha educação religiosa na infância.

Na Faculdade de Vassar, no norte de Nova York, estudei ciências do conhecimento, um curso que incluía aulas de psicologia, computação, filosofia e lingüística. Inicialmente dediquei-me à computação, mas na metade da faculdade voltei-me mais para o lado filosófico do curso e também comecei a ter aulas de religião.

Quando li Freud, Marx e Nietzsche, pensei que eles haviam resolvido bastante bem a questão da religião. A religião era uma neurose, o ópio do povo, a racionalização da fraqueza ou alguma coisa nessa linha. Ou seja, a religião era algo com que eu não precisava me preocupar pessoalmente, embora achasse que devia aprender um pouco sobre ela como parte de uma educação completa em artes liberais.

Mas então comecei a ler sobre as tradições místicas e monásticas do Budismo e do Cristianismo, li o clássico de William James sobre a psicologia da religião, *As Variedades da Experiência Religiosa*, e cheguei à conclusão de que, afinal, a religião poderia ter algo a me dizer. Minhas duas avós haviam falecido quando eu estava no segundo ano da faculdade, o que muito provavelmente contribuiu para o meu interesse recém-despertado pelas questões profundas da vida humana, embora eu só tenha estabelecido essa relação somente mais tarde.

No outono do último ano de faculdade, a minha turma de Budismo promoveu uma viagem de estudos, num sábado, ao Zen Mountain Monastery, nas proximidades das montanhas Catskill. O mosteiro me chamou muito a atenção e senti certa atração pelo Zen, embora eu me lembre de ter conversado com um dos monges e de ter me perguntado como um jovem que parecia normal podia ter acabado raspando a cabeça e dedicando toda a sua vida ao Zen. Na primavera, o professor de Zen do mosteiro veio a Vassar para fazer uma palestra, quando lhe perguntei sobre a possibilidade de participar de um retiro no mosteiro. Minha amiga Anne e eu passamos o recesso de primavera daquele ano no mosteiro, seguindo o rigoroso programa monástico de trabalho e meditação.

A vida monástica acabou sendo de várias maneiras diferente da imagem que eu tinha de homens calvos vestidos em hábitos medievais, em silêncio absoluto, copiando manuscritos à mão, até porque tanto homens como mulheres residem no Zen Mountain Monastery. O mosteiro tem geralmente de vinte a quarenta residentes em tempo integral que, na época, incluíam cerca de cinco "monges" — termo que abrange monges e monjas — e atualmente são quase o dobro. Os demais residentes estão lá por um período limitado de tempo combinado com antecedência, variando de um final de semana a um ano inteiro, sem assumir ou necessariamente ter intenção de assumir um compromisso mais longo. E em geral aparecem de vinte a quarenta interessados todo final de semana para retiros.

O abade e instrutor mais antigo do mosteiro, John Daido Loori, Roshi, é de New Jersey e foi educado como católico. (O título *Roshi,* que literalmente significa "venerável mestre", é usado para designar um professor de Zen cujo despertar foi atestado pelo(a) seu(sua) professor(a).) Ele inclui Santa Teresa de Ávila e São João da Cruz entre seus orientadores espirituais. Seu professor de Zen, Taizan Maezumi, Roshi, veio do Japão e fundou o Centro Zen de Los Angeles.

Quando visitei o mosteiro pela primeira vez, apenas dois residentes tinham as cabeças raspadas: o abade e o monge administrador. No salão de meditação, os residentes usam túnicas de estilo japonês — cinza os estudantes, preto os monges e branco os estudantes leigos mais antigos. No restante do tempo eles usam roupas comuns em preto ou em outras cores escuras ou neutras para combinar com os integrantes do *sanga* ou comunidade.

O dia no mosteiro é dedicado principalmente ao trabalho e à meditação. O programa diário varia ligeiramente, dependendo da estação, mas um dia típico começa com o despertar às 4h30 da manhã e com o zazen às 5 horas — dois períodos de trinta e cinco minutos na posição sentada, intercalados por cinco minutos de meditação andando — e um período de vinte minutos preenchido principalmente com muitos cantos e saudações. O dia inclui sete horas e meia de trabalho, três boas refeições vegetarianas e algum tempo para descanso e relaxamento. A jornada termina com outro conjunto de dois períodos de meditação sentada às 7h30 da noite; as luzes se apagam às 9h30. O silêncio geralmente é mantido desde o zazen noturno até aproximadamente as 10 horas da manhã seguinte. Minha exceção preferida a essa regra é a das quartas-feiras à noite, quando, depois do último zazen, são servidos biscoitos no refeitório e todos podem conversar.

Como todos os recém-chegados ao mosteiro, Anne e eu aprendemos a prática da contagem da respiração. Passei bastante tempo observando a zoeira do meu cérebro e as reclamações do meu corpo por ficar sentado totalmente imóvel com as costas eretas, e descobri o encanto simples de prestar atenção ao que está realmente acontecendo. Logo depois de fazer zazen, eu geralmente me sentia em paz e relaxada, sem muita disposição para falar ou fazer coisas desnecessárias. Mas não era uma sensação de sonolência ou letargia: eu me sentia centrada e alerta e muito consciente de tudo à minha volta. Durante toda a minha estada no mosteiro, mas especialmente depois do zazen, eu realmente gostava de comer. Talvez fosse simplesmente porque no mosteiro a comida era muito melhor do que a da escola, mas acho que era também porque eu prestava mais atenção que de costume aos movimentos e às sensações do ato de comer.

O mosteiro se mantém oferecendo retiros de final de semana e de semana inteira, de modo que boa parte do trabalho ali consiste em administrar um centro de meditação. Os hóspedes recebem uma tarefa para cada dia, dependendo da necessidade — ajudar na cozinha, arrumar a casa, conservar o jardim, cortar a grama, despachar no escritório. Os monges e outros residentes mais fixos têm atividades continuadas. Há um chefe da cozinha, um contador, um supervisor, um secretário, e assim por diante. Os residentes não fazem cópias de textos sagrados com iluminuras, mas gravam fitas de áudio e de vídeo com ensinamentos Zen e publicam um jornal trimestral; uma das primeiras coisas que se observa no escritório é todo o equipamento de computação.

O mosteiro tem o equivalente de um final de semana, chamado *hosan*, que começa domingo à tarde, depois da saída dos hóspedes do fim de semana, e vai até terça-feira à tarde. Durante o hosan não há programa a ser seguido e nem regras de silêncio. Os residentes fazem as refeições por conta e podem sair do mosteiro para um passeio até as montanhas, para uma chegada até a cidade de Nova York ou apenas para tomar um sorvete em Woodstock, próxima dali. Na biblioteca, a televisão fica desligada durante a semana, mas pode ser usada durante o hosan. Quando Anne e eu estávamos no mosteiro, alguns de nós assistimos em vídeo ao *Retorno do Jedi*.

Uma semana de cada mês é reservada para um *sesshin*, ou retiro de meditação intensiva. Durante o sesshin, o silêncio é mantido o tempo todo, e a maior parte do dia é dedicada ao zazen.

Tudo o que é feito no mosteiro durante todo o dia, todo o ano, faz parte da prática — não apenas o zazen, mas também o trabalhar, o comer e o próprio descansar. E todos os que estão lá — monges e leigos, residentes e hóspedes — seguem o mesmo programa monástico e a mesma disciplina. Todo o ambiente é preparado para estimular e facilitar a cada instante o exercício da consciência que é praticado no zazen: observar continuamente os pensamentos que passam pela cabeça e voltar ao envolvimento total com o momento presente.

Alguns anos depois dessa visita ao mosteiro, ouvi uma pessoa dizer que, depois de uma prática de Zen intensiva, ela sentia como se todas as placas tivessem sido raspadas do seu cérebro. Foi assim que me senti no fim da minha permanência de uma semana: como se eu tivesse um cérebro novo, limpo e brilhante. Especialmente nos primeiros dias depois de deixar o mosteiro, eu estava mais consciente de todo o palavrório sem sentido e desnecessário que continuava sem parar — a minha própria tagarelice, a tagarelice das outras pessoas e a tagarelice incessante no meu cérebro. E continuei sentindo como se estivesse recebendo estímulos em excesso ou fazendo muitas coisas ao mesmo tempo. Ao voltar para casa no fim daquela semana, nós conversávamos, ouvíamos o rádio e olhávamos a neve batendo no pára-brisa do carro, e essas coisas pareciam excessivas para fazer de uma só vez, como se isso fosse mais do que uma pessoa poderia acompanhar plenamente. De volta à escola, descobri que me era mais fácil realizar tarefas que eu geralmente adiava ou resmungava para fazer.

Pouco depois de colar grau em 1987, durante uma viagem em que cruzei o país de Nova York a Los Angeles junto com a minha tia e os meus materiais da faculdade, tive um momento de súbita e dolorosa consciência da minha própria mortalidade e finitude, da minha pequenez e impotência no universo. Reconheci pela primeira vez, visceralmente, que depois de tudo eu acabaria morrendo e que eu não seria consultada sobre se era isso o que eu queria. Gostasse ou não, mais cedo ou mais tarde, eu *morreria*. Fiquei aterrorizada e confusa, como se o meu mundo tivesse virado de cabeça para baixo. Eu me perguntava como as pessoas podiam viver alegres e satisfeitas todos os dias sabendo que iriam morrer. Era como se eu agora entendesse realmente os filósofos existencialistas que lera na faculdade, a "alma doente" de William James, e a história de Buda, um príncipe mimado e protegido que já estava com seus vinte anos ao descobrir algumas realidades fundamentais da existência humana: velhice, doença e morte.

Suponho que posso dar a essa crise o nome de experiência de conversão, no sentido de que ela redirecionou a minha vida de modo decisivo e permanente, impelindo-me na minha busca religiosa. Normalmente, imaginamos que as experiências de conversão são prazerosas, mas essa foi terrível. Alguns anos mais tarde, fiquei feliz ao ler o que Susan Howatch, autora de uma série de romances sobre a Igreja Anglicana, diz sobre a sua própria conversão: "Senti como se Deus tivesse me agarrado pela nuca, jogado contra a parede mais próxima e agora me sacudia até eu ranger os dentes." E acrescenta, "Não tenho idéia do motivo pelo qual as pessoas acham que toda conversão religiosa é doce e suave. Esse deve ser um dos grandes mal-entendidos espirituais do nosso tempo."[7]

Passei aquele verão no Havaí com minha mãe e meu padrasto, que na época moravam lá, mas aproveitei pouco o local exótico. Eu dormia o máximo possível — o meu método preferido de fugir de mim mesma e do mundo — e lia tudo o que achava que poderia me ajudar a compreender o que estava acontecendo comigo e o que fazer a respeito, principalmente livros sobre experiência religiosa e meditação.

No outono, mudei-me para Boulder, Colorado, para começar um programa de doutorado em filosofia na Universidade do Colorado. Boulder é um centro de Budismo Tibetano nos Estados Unidos, e eu iniciei ali uma prática regular de meditação, reforçada por aulas e por retiros em finais de semana no Naropa Institute (atualmente, Naropa University), uma pequena faculdade em Boulder fundada pelo professor budista tibetano Chögyam Trungpa. Também li alguns clássicos da tradição contemplativa cristã: *A Nuvem do Não-Saber*, *A Noite Escura da Alma*, de São João da Cruz, e *Novas Sementes de Contemplação*, de Thomas Merton. Descobri rapidamente que a filosofia não trataria das Grandes Questões de modo a satisfazer meus anseios, e eu participava das aulas imaginando se os outros alunos realmente se importavam com os assuntos que estávamos discutindo e, em caso afirmativo, por quê. Meu orientador no curso de graduação havia me prevenido de que eu não gostaria dos estudos de pós-graduação em filosofia, e ele tinha razão. Tranquei a matrícula no programa de doutorado logo no início do segundo semestre.

A essa altura, a minha busca espiritual era de longe a coisa mais importante da minha vida. As questões de vida e morte eram urgentes, dolorosas e inexoráveis, e eu queria dedicar algum tempo a uma prática espiritual sincera e profunda. Assim, passei os três meses do outono de 1988 no Zen Mountain Monastery, o mosteiro que eu havia visitado durante a faculdade.

Depois disso, voltei a Boulder e fiz transferência para o curso de pós-graduação em estudos religiosos na Universidade do Colorado. Mas a frustração tomou conta de mim rapidamente, pois parecia que ninguém queria falar sobre religião com relação à própria vida. Os colegas observavam a religião de fora, como antropólogos e sociólogos, ao passo que eu estava interessada, acima de tudo, em estudar a religião a partir de dentro. Nesse ponto eu não queria ler, escrever e falar sobre religião; eu queria praticá-la. Por isso, abandonei o programa de estudos religiosos e voltei para o mosteiro zen, dessa vez para um ano de residência, começando no verão de 1989.

Quando digo às pessoas que vivi num mosteiro, elas freqüentemente dizem algo como, "Deve ter sido tão tranqüilo". Mas *tranqüilo* não é um dos adjetivos que me vêm à mente. Lembro que eu achava o programa *implacável*. A experiência era intensa, desafiadora, difícil. Eu vivia com sono. Na época, eu estava apenas com vinte e três anos e debatendo-me com as questões básicas dessa etapa da vida — trabalho, relacionamentos e assim por diante — e ao mesmo tempo com questões sobre a vida e a morte. Certa vez perguntei a um dos monges: "Às vezes o senhor não gostaria de acreditar em Alguém a quem poderia rezar pedindo ajuda?" Ele me olhou sem entender e respondeu que não. Aprendi muito sobre mim mesma durante essa estada no mosteiro, mas mais tarde achei que aquilo tudo pode ter sido um pouco demais para um sorvo só.

Meu futuro marido, Brian, e eu noivamos durante o meu ano de residência no mosteiro. Havíamos nos encontrado dois anos antes através da comunidade budista em Boulder, mas namorávamos à distância, escrevendo cartas enquanto eu estava em Nova York e ele no Colorado; ele foi ao mosteiro três vezes para me visitar. Brian lecionava na Universidade do Colorado, enquanto terminava sua dissertação em teologia para a Universidade de Chicago. No fim do meu ano no mosteiro, voltei a Boulder para ficar com Brian — que recentemente havia terminado um retiro de silêncio de trinta dias num centro jesuíta. Casamos dois anos depois.

Embora Brian seja católico-irlandês de Boston e eu provenha do ambiente agnóstico do sul da Califórnia, de algum modo acabamos formando visões de mundo extraordinariamente semelhantes. Quando fomos morar juntos, não tínhamos carro, nem sofá, nem televisão, mas tínhamos dois computadores, três zafus e cinco cópias de *A Nuvem do Não-Saber* (em três traduções diferentes).

Próximo ao término da minha estada no mosteiro, e especialmente depois que voltei para Boulder, eu vivia um momento de real conflito com a minha prática e com o meu professor de Zen. Nas quintas-feiras à noite, Brian e eu nos sentávamos com um pequeno grupo zen que se reunia no subsolo do centro budista tibetano no centro da cidade, mas essa era toda a minha prática zen na época, e até isso me parecia um fardo. No mosteiro, eu havia percebido que nunca precisara me esforçar por quase nada na minha vida e que nunca fizera quase nada que exigisse disciplina. O trabalho escolar viera fácil; eu nunca me envolvera com esportes; abandonara as aulas de piano depois de um ano e meio. E estava descobrindo que algumas coisas muito importantes na vida — prática espiritual e compromisso nas relações — exigem trabalho e disciplina. Eu tendia a ter remorsos por sentar pouco em zazen e por pensar coisas como, "O que vai me ajudar a ficar em paz é sentar, mas não tenho disposição para isso; não me sentando, porém, estou contribuindo para a minha infelicidade, e isso não é uma tolice tão grande assim." Naturalmente, essa linha de raciocínio não me inspirava exatamente para a disciplina espiritual. Ela apenas me fazia sentir culpada além de não estar em paz.

Finalmente, entendi que pelo menos parte do que eu estivera considerando como angústia existencial ou como a "noite escura da alma" era uma depressão bastante comum; por isso, comecei a consultar um terapeuta. Mas eu não confiava numa cosmovisão exclusivamente terapêutica, e sentia que precisava também de algum tipo de orientação espiritual. Brian conhecia uma freira católica que trabalhava no centro jesuíta onde ele fizera o retiro de trinta dias, e achou que eu me daria bem com ela. E foi o que aconteceu. Eu ia ao centro a cada poucos meses para um retiro silencioso de dois ou três dias e me encontrava com Irmã Eleanor para receber orientação espiritual. Isso não me parecia uma mudança radical — conversar sobre a minha vida espiritual com uma freira católica em vez de um professor de Zen. Eu havia buscado inspiração para a minha prática budista nos místicos cristãos, e Eleanor estava contente em trabalhar comigo, embora eu não fosse cristã. Uma diferença auspiciosa com relação ao mosteiro zen foi que Eleanor me estimulava a relaxar e a descansar bastante durante o retiro.

Grande parte da minha luta com a prática espiritual se devia ao fato de eu ter violentado os limites da minha força de vontade. O estilo de prática no mosteiro zen naquela época era exigente, determinado, orientado para o objetivo, e essa era a minha própria visão da prática do Zen. Eu achava que tudo consistia em fazer todo o possível para chegar a *kensho* — uma experiência de iluminação, ou uma "descoberta importante" — mas eu não tivera nenhuma descoberta importante. O Budismo lida com a libertação do sofrimento, mas eu ainda me sentia angustiada.

Tanto o Zen como o Cristianismo ensinam que a nossa libertação não é algo que possamos obter, criar ou alcançar, mas foi na tradição cristã, através dos retiros com Eleanor, que finalmente comecei a compreender o que isso significa. Eu havia começado a reconhecer a importância vital da graça. Eu havia começado a reconhecer que, se a minha libertação dependesse de mim ou de algo que eu fizesse, não haveria esperança.

Will and Spirit, de Gerald May, um livro sobre a psicologia da espiritualidade contemplativa, ajudou a desanuviar os meus conflitos e me forneceu alguma terminologia para a "disposição" da verdadeira prática contemplativa em oposição à "obstinação" com que eu estivera praticando o Zen. Eu estivera tentando usar a minha prática espiritual para conseguir o que queria, quando ela na verdade consiste em estar com a realidade como ela se apresenta. Eu estivera tentando satisfazer a minha própria vontade em vez de me abrir à vontade de Deus. Não admira que a minha prática tenha sido uma luta tão grande!

Com essa nova percepção da prática espiritual, considerei que agora eu podia voltar ao Zen e praticar a disposição em vez da obstinação. Mas sempre que começava a pensar sobre isso, imediatamente eu me enredava em pensamentos de como isso seria *bom para mim.* Isto é, eu imediatamente voltava a transformar a prática do Zen num instrumento da minha vontade. Assim, resolvi que seria melhor adiar por um pouco mais de tempo a prática do Zen, uma vez que ela só parecia exacerbar a minha obstinação.

Um detalhe que me escapava na época era que *naturalmente* eu praticava a disposição obstinadamente — isso é natural e inevitável — e que a minha obstinação podia ser tratada como qualquer outro pensamento errante que surge durante a meditação: perceber o pensamento obstinado e voltar a atenção ao momento presente. Observar, voltar, observar, voltar, observar, voltar — essa é a prática zen. Tudo bem se eu me percebesse pensando, "Eu *terei* disposição!" Mas eu não me dava conta disso naquela época.

Quando comecei a fazer retiros com Eleanor, eu lhe disse que podia falar a língua de Deus, mas que não tinha idéia do que fazer com Jesus. Depois de muitos encontros, ela sugeriu que, como experiência, eu tentasse uma pequena visualização: Imagine Jesus caminhando na sua direção. O que você faria? Ao sugerir isso, a intenção dela era que mais tarde, ao longo do dia, eu fosse à capela ou a algum outro lugar e fizesse a tentativa, mas eu segui a orientação imediatamente. Eu me imaginei num prado no alto das Sierras, e um Jesus estereotipado, com barba, vestindo uma túnica agitada pelo vento e usando sandálias, caminhava na minha direção por uma pequena trilha. Enquanto ele se aproximava, eu corri para ele e me lancei ao chão, abraçando seus pés; chorando, eu lhe disse, "Estou muito feliz por você estar aqui!" Ele saberia exatamente do que eu precisava. Ele poderia me ajudar. Tudo indicava que Jesus havia se introduzido na minha psique, apesar da minha formação essencialmente secular.

Eleanor teve de ouvir muito sobre a minha ignorância vocacional e sobre as minhas dificuldades com a prática espiritual. Ao voltar a Boulder, consegui um emprego como professora auxiliar numa pré-escola ligada à comunidade budista de Boulder. O trabalho era estressante e cansativo, mas, como Brian observou, as crianças de dois anos de idade despertavam dentro de mim um lado compassivo meu que ficara em grande parte adormecido por vários anos, enquanto eu me preocupava com o meu próprio sofrimento e conflitos. Depois de diversos outros empregos, entre os quais como funcionária numa livraria e numa biblioteca pública e como revisora de provas independente para duas editoras acadêmicas, resolvi dar uma última oportunidade a um programa de pós-graduação. Compreendi que o que realmente me interessara durante todo aquele tempo era a teologia, não a filosofia ou os estudos religiosos, e eu queria estudar o Cristianismo em profundidade.

Em 1993, Brian e eu nos mudamos para Atlanta para que eu pudesse começar um programa de mestrado em Teologia na Emory University's Candler School of Theology e para que Brian pudesse escrever algumas coisas que estivera adiando, com a ajuda de um velho amigo e mentor dele que então lecionava em Candler. Para mim, o programa de mestrado funcionava como uma escola dominical ou catecismo. Eu não sabia se esses estudos teriam relação com uma carreira futura, mas sabia muito pouco sobre Cristianismo e queria aprender. Às vezes eu ia à missa com Brian e às terças-feiras à noite participávamos de um jantar com alunos de pós-graduação no Centro Católico de Emory. Finalmente, comecei a pensar se não era hora de assumir um compromisso formal com o Cristianismo.

Na missa de Páscoa de 1995, na capela de Emory, tive uma pequena epifania religiosa e vocacional. Espantada, ouvi a minha própria voz: "Meu Deus, acho que eu gostaria de ser um padre católico." Naturalmente, eu sabia que o sacerdócio católico não era uma possibilidade viável para mim a curto prazo. Eu disse a uma amiga católica que imaginava que as mulheres não seriam ordenadas na Igreja Católica enquanto eu vivesse, a não ser que alienígenas invadissem o Vaticano. Ela pensava que a questão de fato era que os alienígenas deviam *sair* do Vaticano.[8]

Como o sacerdócio católico não era uma opção, parecia que a coisa mais óbvia para mim seria levar em consideração o sacerdócio episcopal. Por isso, tentei me tornar episcopaliana. Comecei a freqüentar uma igreja episcopal, a participar das aulas de confirmação e a conversar com o capelão episcopal de Emory. Mas os resultados não foram os esperados. Tentei então a Igreja Metodista. Afinal, eu freqüentava um seminário da Igreja Metodista Unida, e já havia satisfeito muitas das exigências para a ordenação metodista. Eu me sentia bem com os metodistas e gostava da teologia do fundador do Metodismo, John Wesley, especialmente do modo como ele faz malabarismos com uma crença intransigente na salvação pela graça de Deus apenas e com uma igualmente arraigada insistência sobre a importância das práticas cristãs como culto, oração e caridade. Mas também a Igreja Metodista não se revelou o lugar certo para mim.

Essas experiências deixaram ainda mais claro que era no catolicismo que eu me sentia em casa. Não sei muito bem como acabei desenvolvendo a minha sensibilidade pelo catolicismo. Certamente, parte importante dessa atração é a minha forte ligação com o monasticismo e com a prática da contemplação. Também gosto da liturgia do catolicismo — o ritual, os "odores e sinos". O meu marido, o meu melhor amigo na faculdade, um rapaz por quem nutri uma paixão no primário e no ginásio, o meu primeiro namorado e até o meu professor de Zen, todos tinham sido educados no catolicismo. Por alguma razão, parece que sou atraída por pessoas de formação católica. Talvez, junto com meus olhos castanhos, eu tenha herdado minhas tendências católicas da minha avó mexicana. Ela passou a maior parte da vida tentando não ser mexicana, o que incluía não defender o catolicismo em que nascera, mas pediu por um padre católico em seu leito de morte.

Finalmente, concluí que era mais importante para mim permanecer na tradição religiosa que me parecia certa do que perseguir a carreira que parecia certa. Por isso, resolvi seguir em frente e me tornar uma católica leiga, em vez de uma episcopaliana ou metodista ordenada.

Brian notou que eu e minhas amigas Laurie e Jennifer, que também se tornaram católicas depois de adultas, entramos na Igreja já descontentes com algumas coisas. Como ele diz, nós fomos batizadas, e cinco minutos depois dizíamos: "Tudo bem, Problema resolvido!" Ele acha isso engraçado e se pergunta se esse não é um novo fenômeno no Cristianismo.

O processo de se tornar católico é prolongado, e eu fiquei contente com isso. Eu queria algum tempo para me firmar nesse compromisso e estar segura com relação a ele. Num dos ritos que antecedem o batismo, durante a missa dominical, o sacerdote pergunta aos que vão ser batizados: "O que você pede à Igreja de Deus?" A nossa resposta é, "Fé". Eu gosto disso. Eu não teria sido uma boa candidata para o "batismo do crente", como ele é praticado em algumas denominações. Eu não poderia dizer com confiança, "Tenho fé em Jesus Cristo como meu Senhor e Salvador, por isso, por favor, aceite-me na Igreja", mas eu poderia facilmente dizer: "Eu *quero* ter fé, por isso, por favor, admita-me na Igreja." Do mesmo modo, gosto quando no Credo de Nicéia, que recitamos todos os domingos, dizemos: "*Nós* cremos em um só Deus..." e tudo o que segue. Nos dias em que duvido seriamente de que *eu* creio, posso dizer confiantemente que *nós* cremos, deixando a Igreja levar-me em seus braços.

Como parte do rito batismal, porém, em resposta às perguntas do padre se eu acreditava em Deus, em Jesus Cristo e no Espírito Santo, conforme descrito no Credo dos Apóstolos, eu teria de responder, "Sim, creio." Eu me preocupava com isso. Eu não sabia se acreditava, e não queria cruzar os dedos nas costas ao responder "sim". Eu acreditava que esta confusão de mundo é boa, como Deus disse que é? Eu acreditava num poder além da criação que se ocupa comigo pessoalmente? Eu acreditava na possibilidade da redenção de todo pecado e sofrimento no mundo? Eu acreditava no significado da vida mesmo em face da morte? Bem, não. A fé cristã parecia — e ainda parece — uma espécie de loucura. Mas eu ansiava ardentemente, desesperadamente, por essa fé, e me parecia que a minha única esperança de paz e de alegria nesta vida estava nesse tipo de fé. Conversei com um amigo jesuíta e com outro padre meu conhecido, e eles me asseguraram que o meu profundo anseio pela fé possibilitaria afirmar minha fé no batismo em sã consciência.

Fui batizada e confirmada na missa da Vigília Pascal de 1998.

Por volta da mesma época em que decidi me tornar católica, também passei a retomar a prática do Zen, depois de um longo hiato. Junto com algumas pessoas de um centro zen local, ajudei a iniciar e a dirigir um grupo de meditação zen em Emory. E no outono de 1997, voltei ao Zen Mountain Monastery, que eu não visitara durante cinco anos, para um sesshin de uma semana. Eu queria participar de alguma prática intensiva, mas também tinha a sensação de que estava indo para casa para conciliar-me com o meu passado, uma vez que fora tão infeliz quando lá residira. Foi um sesshin difícil, mas bom, e fiquei satisfeita em descobrir que a impressão penosa da prática havia acalmado em favor de uma sensação mais agradável. Eu me perguntava se era apenas a minha percepção do lugar que havia mudado, mas as outras pessoas confirmavam que era realmente diferente.

Uma prática espiritual bastante nova para mim é a oração. Depois de resolver formalmente tornar-me cristã, percebi que embora tivesse feito uma prática espiritual intensa na tradição do Zen, que tem fortes semelhanças com certos elementos da tradição contemplativa cristã, eu tinha muito pouca experiência com a prática espiritual cristã básica da oração verbal. Eu recitava todas as orações comunitárias que fazem parte da missa, mas tinha dificuldade de rezar sozinha. Eu tinha muitas inibições e dúvidas sobre a oração. Por isso, durante o último semestre em Candler, programei um estudo independente com um amigo professor igualmente atribulado diante da oração e lemos inúmeros livros sobre a oração verbal, alguns dos quais foram de grande ajuda para vencer meus bloqueios relacionados com a reza.

Em particular, Karl Rahner, um dos grandes teólogos cristãos do século XX, convenceu-me de que por mais profundas que fossem as minhas dúvidas sobre Deus e o Cristianismo, ainda assim eu podia rezar. "Se você acha que o seu coração não consegue rezar",[9] diz ele, "então reze com a boca, ajoelhe-se, junte as mãos, fale em voz alta, mesmo que tudo isso lhe pareça uma mentira (é tão-somente a autodefesa desesperada da sua descrença diante da própria morte que ela enfrenta, que já está selada): 'Eu creio, ajuda a minha descrença; sou impotente, cega, e estou morta, mas tu és poderoso, és luz e vida e me conquistaste há muito com a absoluta impotência do teu Filho.'" Isso me libertou. Embora eu não pudesse forçar o meu coração a ter uma fé mais intensa, eu certamente podia levar o meu corpo a assumir uma postura de oração e a minha boca a dizer algumas palavras de prece. Rahner convenceu-me não somente de que não havia hipocrisia nisso, mas também de que era fundamental que eu expressasse dessa maneira a minha metade de semente de mostarda de fé.

A minha definição preferida de oração também é de Karl Rahner, que diz que rezar é abrir o coração a Deus.[10] No tipo mais comum de oração, a oração verbal ou discursiva, abrimos o coração a Deus usando palavras. Falamos com Deus, em voz alta ou mentalmente. Mas essa não é a única forma de oração. O Cristianismo também tem uma tradição de oração contemplativa, pela qual abrimos o coração a Deus sem palavras ou com muito poucas palavras. Atendemos ao apelo de Deus expresso no Salmo 46:[11] "Tranqüilizai-vos e reconhecei: Eu sou Deus."

Nas últimas décadas, alguns cristãos vêm retomando as práticas contemplativas cristãs e divulgando-as. Uma forma popular de oração contemplativa é a oração centrante, uma prática derivada da tradição mística medieval, especialmente da obra *A Nuvem do Não-Saber*. A oração centrante é a prática de sentar-se silenciosamente numa atitude de simples abertura à presença e à vontade de Deus e ansiando conhecer a Deus mais plenamente. Como a mente tende a divagar, escolhemos uma "palavra sagrada" que ajuda a voltar ao silêncio com Deus — uma palavra como *Deus, Jesus, amor* ou *misericórdia*. Quando percebemos os pensamentos nos desviarem, voltamos calmamente à palavra sagrada, símbolo da nossa intenção de mantermos abertos a Deus. (A lista de recursos recomendados no fim do livro inclui materiais sobre a prática contemplativa cristã, caso você queira aprofundar esse assunto.)

Gerald May, cuja obra sobre disposição e obstinação me ajudou tanto, é um dos fundadores e líderes do Shalem Institute for Spiritual Formation, um centro ecumênico em Maryland que promove a prática contemplativa cristã. Meu marido, Brian, participou do Programa de Líderes do Grupo de Shalem, que oferece treinamento para lideranças de grupos de oração contemplativa cristã; alguns anos depois, participei do mesmo programa. Uma das exigências do treinamento era conduzir um grupo de oração contemplativa de sete sessões, mas eu obtive autorização de substituir esse exercício pela tarefa de orientar um grupo de meditação zen especialmente para cristãos.

Outra exigência do programa de Shalem era manter um encontro regular com um diretor espiritual. Eu não tinha um diretor espiritual desde que Brian e eu deixamos o Colorado, e por isso esse requisito me estimulou a procurar um. Alguns anos antes, eu participara de um retiro silencioso de final de semana com um grupo de estudantes da Escola de Teologia de Candler, num pequeno centro ecumênico cristão, localizado na região rural da Geórgia e conhecido como Casa de Oração Green Bough. Eu havia me encontrado com a diretora espiritual de lá, e gostara dela; por isso, achei que valia a pena viajar três horas de carro sempre que eu quisesse alguma orientação espiritual. Assim, comecei a participar de retiros regulares em Green Bough. Brian me acompanhava.

Depois da minha primeira visita a Green Bough, eu disse a Brian que o lugar se parecia a um centro de retiro jesuíta dirigido pela avó dele. O centro passa aquela mesma sensação palpável de ser um lugar de silêncio e oração, porém mais suave e acolhedor. Há penduricalhos e travesseiros bordados à mão, e as refeições são feitas na mesa da cozinha. Green Bough tem dois residentes permanentes, que vivem uma espécie de vida monástica — Fay, que oferece orientação espiritual, e Steve, ministro ordenado na Igreja Metodista Unida, que preside as cerimônias — e eles dispõem de espaço para uns dez hóspedes. Há um programa regular de oração, baseado na Liturgia das Horas. Cada serviço gira em torno da recitação de salmos e de outras orações, e também inclui períodos de silêncio. Muitas refeições são feitas em silêncio. Durante alguns anos, Brian e eu fomos a retiros em Green Bough a cada um ou dois meses.

Pela metade do meu programa de mestrado, comecei a trabalhar no Candler's Youth Theology Institute, que oferece um curso de teologia durante o verão para alunos do ensino médio, e continuei trabalhando lá depois de terminar o mestrado. Eu era diretora-assistente, o que significava basicamente que eu gerenciava o escritório, e também ensinava um pouco de meditação zen e de oração contemplativa cristã durante os encontros de verão.

Com trinta e três anos eu ainda não sabia o que queria ser quando crescesse, mas estava cansada de ser administradora e resolvi que precisava fazer alguma outra coisa. Eu tinha descoberto que a minha atividade preferida era ensinar religião e escrever sobre religião. Apesar de inúmeras vezes antes eu ter pensado na idéia, e depois desistido, de fazer um doutorado em religião, finalmente decidi que era isso que eu queria fazer. Atualmente freqüento o doutorado em Emory, tendo como foco o Budismo e o Cristianismo nos Estados Unidos, e especialmente as práticas espirituais nessas tradições. Paralelamente, dou aulas em cursos de educação de adultos e na escola dominical, e ministro seminários, principalmente sobre Zen e também sobre práticas espirituais cristãs.

No momento, Brian leciona na Faculdade em Candler, e teve uma licença para o ano acadêmico de 2001-2. Resolvi afastar-me do programa de doutorado no semestre da primavera, e passamos a primeira metade de 2002 morando na Casa de Oração Green Bough. Foi depois de já termos planejado nossa licença que decidi escrever *Zen para Cristãos,* mas deu tudo certo.

Usei o meu tempo livre da escola para redigir a maior parte deste livro, ao mesmo tempo que morava numa comunidade voltada para a oração.

Às vezes rezo pela minha prática de Zen, como rezo por tudo na vida. Rezo pelas aulas de Zen que ministro — que Deus possa trabalhar através de mim e dos que participam das aulas. E, ao escrever este livro, rezei para que Deus trabalhe através destas páginas para dizer uma palavra de verdade, de graça e de amor.

Prática

Meditação Andando

Num centro ou mosteiro zen, quando sentamos para dois ou mais períodos de zazen em seqüência, os períodos de meditação sentada são separados por breves períodos de meditação andando, ou *kinhin*.

O kinhin tem pelo menos dois objetivos importantes. Primeiro, possibilita esticar as pernas e movimentar-se entre os períodos sentados. Segundo, é um meio de tomar a consciência que está sendo desenvolvida no zazen — num sentar silencioso, imóvel — e estendê-la a uma atividade ligeiramente mais complicada: andar. Os movimentos do corpo, a mudança de cenário enquanto caminha, os sons produzidos pelo caminhar, e assim por diante, podem desencadear mais pensamentos, de modo que a meditação andando pode exigir mais esforço do que a meditação sentada para observar os pensamentos e voltar a atenção ao momento presente.

A coluna e a cabeça continuam eretas, como no zazen. O olhar fica abaixado, mas não desfocado. Adotamos uma posição de mãos especial. Forme um punho com a mão esquerda, com os dedos envolvendo o polegar. Encoste o punho no corpo, na altura da cintura, com o polegar apontando para baixo, e cubra a frente do punho com a mão direita. Deixe os cotovelos cair naturalmente nos lados do corpo. O mestre zen Shunryu Suzuki diz sobre essa posição de mãos que "é como se segurássemos[12] uma coluna redonda — uma grande coluna redonda de um templo — de modo que não podemos ser derrubados nem inclinados para o lado".

Kinhin é tradicionalmente praticada no sentido horário ao redor da sala. Na seita Soto Zen, a técnica consiste em dar um pequeno passo em cada ciclo completo de respiração, movendo-se contínua mas muito lentamente.

Na seita Rinzai, caminha-se rapidamente. Se fizer kinhin em seu próprio pequeno espaço, é provável que terá de andar lentamente.

No zazen, você observa a respiração e os pensamentos; no kinhin, você observa o andar e os pensamentos. Sinta as sensações físicas do caminhar. Sinta os pés no chão. Sinta os movimentos das pernas. Sinta a roupa roçando as pernas. Perceba as sensações ao levantar um pé, levá-lo adiante, abaixá-lo e deslocar o peso para ele. Ao perceber que não está mais atento ao caminhar, observe o pensamento e volte suavemente a atenção para o caminhar.

Você pode fazer a meditação andando sempre que estiver caminhando. Não é preciso caminhar em círculos no sentido horário ou colocar as mãos numa posição especial. Apenas perceba os pensamentos e volte a atenção para o caminhar, de novo, de novo, mais uma vez. E se estiver caminhando numa rua com tráfego de veículos, levante os olhos!

Aspectos Fundamentais da Meditação Andando

- Enquanto anda, tenha consciência das sensações físicas de cada passo.
- Ao perceber que a atenção se desviou do caminhar, observe o pensamento e volte suavemente a atenção ao andar.

Observe o pensamento,
  volte ao andar,
    observe o pensamento,
      volte ao andar,
        observe o pensamento,
          volte ao andar...

2

A Libertação do Sofrimento Segundo o Budismo

A História de Buda

Sidarta Gautama,[13] que viria a ser chamado de Buda — o Desperto ou o Iluminado —, nasceu cinco ou seis séculos antes de Cristo, de uma família nobre da região setentrional da Índia que hoje é o Nepal. O pai de Sidarta, Sudodana, era o chefe do clã Xáquia, e por isso Buda é também conhecido como Xáquia-Múni, "o sábio dos Xáquias".

Quando Sidarta foi concebido — assim conta a história — sua mãe Maia sonhou que um elefante branco entrou em seu lado direito, o que significava que o filho teria uma vida auspiciosa. Estava predito que Sidarta ficaria em casa e se tornaria um grande imperador, ou então que abandonaria o lar para se tornar um asceta errante e grande mestre religioso. Maia morreu uma semana depois de dar à luz, e Sidarta foi criado pela irmã de Maia, que se tornou a segunda esposa de Sudodana e, mais tarde, fundadora da primeira ordem de monjas budistas.

Sudodana queria que Sidarta permanecesse em casa para se tornar um grande imperador, e assim propiciou ao filho uma vida luxuosa e distante de tudo o que fosse desagradável, da doença, da velhice e da morte. Sidarta passava o tempo entre seus três palácios — um para o verão, outro para o inverno e um terceiro para a estação das chuvas. Ele vestia roupas finas, comia pratos deliciosos e tinha à disposição músicos para entretê-lo e empregados para servi-lo. Ninguém que fosse doente, velho ou feio podia se aproximar de Sidarta; até as flores mortas eram retiradas de sua presença. Aos dezesseis anos, ele se casou com a bela Iasodara, filha de um governador vizinho; o casal teve um filho, Rahula, quando Sidarta estava com vinte e nove anos.

Sidarta acabou entediado e insatisfeito com sua vida protegida e mimada, e providenciou uma carruagem para fazer um passeio fora do palácio. O pai tomou todas as precauções para que tudo estivesse limpo e belo ao longo do percurso, de modo que o filho só visse pessoas felizes, saudáveis e jovens.

Acontece, porém, que Sidarta viu um homem alquebrado, de cabelos brancos e pele enrugada. Ele interrogou seu cocheiro, Chana, sobre essa estranha visão. Chana respondeu-lhe que o homem era velho. Sidarta então perguntou se esse era o único homem "velho" ou se havia outros iguais a ele. Chana respondeu que toda pessoa que vivesse bastante ficaria velha. Sidarta ficou chocado e ordenou que Chana o levasse imediatamente de volta ao palácio, onde se pôs a refletir e a pensar longamente sobre a visão que tivera da velhice.

Numa segunda saída do palácio, Sidarta viu alguém tossindo, tremendo e gemendo, e perguntou a Chana sobre o que via. O cocheiro explicou que a pessoa estava doente e que todas as pessoas estão sujeitas à doença. Novamente, Sidarta ficou chocado, retornou ao palácio e ficou ruminando essa visão.

Numa terceira incursão pela cidade, Sidarta viu um grupo de pessoas tristes carregando um cadáver. Novamente ele perguntou a Chana por que o homem estava imóvel e para onde o estavam levando. Chana explicou que o homem havia morrido e que seu corpo estava sendo levado para ser queimado. Sidarta perguntou se era raro as pessoas morrerem assim, e Chana respondeu que todos, sem exceção, um dia acabam morrendo. Sidarta ficou horrorizado e confuso. Como as pessoas conseguiam viver no dia-a-dia sabendo da inevitabilidade do sofrimento e da morte?

Sidarta ficou inconsolável. Nada conseguia animá-lo ou distraí-lo de suas visões da velhice, da doença e da morte. Já não encontrava prazer nos deleites do palácio, sabendo que as coisas mudam rapidamente e que a morte espera todos nós. Ele via tudo impregnado de sofrimento e impermanência.

Sidarta saiu uma quarta vez do palácio e encontrou um dos andarilhos religiosos daquele tempo, com a cabeça raspada, vestindo uma túnica açafrão e um olhar de serenidade e paz profundas. Com essa quarta visão, Sidarta soube que havia encontrado seu verdadeiro objetivo na vida.

Ele voltou ao palácio e comunicou ao pai que queria partir. O pai não lhe deu permissão, mas Sidarta estava decidido. No meio da noite, ele contemplou pela última vez sua esposa e seu filhinho adormecidos, evadiu-se do palácio e entrou na floresta à procura de um mestre espiritual.

Sidarta aprendeu a dominar técnicas complexas de meditação com dois professores e em seguida adotou práticas ascéticas extremas para reduzir o apego aos prazeres dos sentidos. Ele praticava exercícios de controle da respiração, que, mais do que levar à libertação do sofrimento, provocavam dores de cabeça terríveis, e reduziu a alimentação a uma colher de sopa de feijão por dia, o que o fez definhar.

Depois de seis anos de ascetismo, os problemas de envelhecimento, doença e morte continuavam sem solução, e Sidarta concluiu que o melhor a fazer seria seguir um "caminho intermediário" entre a vida luxuosa do palácio e a vida mortificada que estivera praticando na floresta. Começou então a se alimentar para fortalecer o corpo, escandalizando assim os companheiros de ascetismo e fazendo com que, a partir desse momento, os seus ensinamentos se tornassem conhecidos como o Caminho do Meio. Sidarta se lembrou de que certa vez, quando criança, sentado debaixo de uma árvore, havia entrado espontaneamente num estado meditativo de atenção serena, sem envolvimento com os prazeres dos sentidos. Ele então se deu conta de que esse era o caminho do despertar.

Sidarta separou-se dos companheiros, sentou-se sob uma árvore e resolveu permanecer ali em meditação até alcançar a libertação. Durante a noite, ele resistiu às investidas e às tentações de um demônio poderoso de nome Mara, e ao amanhecer, com a idade de trinta e cinco anos, chegou ao despertar total e à libertação do sofrimento. Sidarta — agora o Desperto, o Buda — permaneceu debaixo da árvore durante sete semanas. Embora estivesse ansioso por ajudar todos os seres sofredores, ele achou que seria inútil tentar comunicar sua descoberta. Mas finalmente viu que algumas pessoas compreenderiam e, movido pela compaixão, começou a ensinar.

Ele então foi à procura dos antigos companheiros. Inicialmente, eles o trataram com desdém, mas depois perceberam que Sidarta passara por uma transformação. Esses foram os primeiros discípulos de Buda e o núcleo de sua comunidade, que depois passou a receber monges, monjas e seguidores leigos. Buda passou o resto da sua vida ensinando e viajando de um lugar a outro, reunindo um grande número de discípulos ao seu redor. Ele morreu com oitenta anos, depois de se alimentar com comida estragada.

Da Índia, os ensinamentos de Buda se espalharam por toda a Ásia. A escola Zen do Budismo desenvolveu-se na China nos séculos sexto e sétimo,

Buda Xáquia-Múni, Fundador do Budismo.

agregando elementos da tradição taoísta nativa. Da China, o Zen propagou-se pela Coréia, pelo Japão e pelo Vietnã. Apenas no século XX e alguns anos antes, o Zen e outras formas de Budismo chegaram ao Ocidente.

A propósito, você já deve ter visto uma estátua calva e sorridente, com uma enorme barriga desnuda, exposta em casas, lojas e restaurantes chineses. Ela não representa Buda, mas um monge chinês do século X, chamado Putai (pronuncia-se "bu-dai"), que significa "saco de cânhamo", nome que deriva de suas andanças pelas cidades com um saco de mendigo às costas. Os japoneses o chamam de Hotei, e é também conhecido como Buda Sorridente. Ele encarna vários ideais chineses. Ele amava as crianças, sua grande barriga simboliza prosperidade, e seu sorriso e postura descontraída indicam felicidade e paz de espírito. O Buda que fundou o Budismo não é representado gordo, com barriga desnuda, calvo ou sorrindo, mas como um homem magro ou pouco mais, com cabelo estilizado e freqüentemente com um esboço de sorriso nos lábios.

Buda Sorridente (Pu-tai ou Hotei),
monge chinês do século X.

Ensinamentos Budistas: As Quatro Nobres Verdades

O Budismo é uma tradição prática. Buda percebeu um problema e encontrou uma solução. O problema é o sofrimento, e o Budismo oferece um caminho de libertação do sofrimento. No Zen, os ensinamentos de Buda não são entendidos como revelações ou doutrinas divinas em que se deva acreditar. Antes, são compreendidos como observações sobre a experiência humana — observações feitas por um ser humano, Buda, que podem ser repetidas por qualquer ser humano.

De acordo com a tradição budista, as Quatro Nobres Verdades foram o primeiro ensinamento de Buda depois da sua iluminação, e foi transmitido aos antigos companheiros de ascetismo. As Quatro Nobres Verdades são um resumo da sabedoria prática do Budismo no que se refere ao sofrimento e à libertação do sofrimento.

Primeira Nobre Verdade: O Sofrimento

A Primeira Nobre Verdade é a verdade do *duhkha,* palavra sânscrita que significa "sofrimento" ou "insatisfação". Ela consiste na observação de que a vida humana ordinária, não-iluminada,[14] é impregnada de sofrimento, de que a nossa vida não nos satisfaz completamente. Sofremos de todos os tipos de dor física e emocional. Nem sempre conseguimos o que queremos, e freqüentemente conseguimos o que não queremos. A vida nunca parece fluir exatamente como gostaríamos. Certamente temos momentos felizes, experiências agradáveis, mas sabemos que não vão durar, e isso nos deixa inquietos. Todas as coisas, agradáveis e desagradáveis, são impermanentes. Nada é estável, fixo. Todas as coisas estão mudando, escoando-se, dirigindo-se a um fim, inclusive a nossa própria vida. A vida é permeada de sofrimento e impermanência, e na vida não-iluminada isso leva ao duhkha, ao sofrimento ou insatisfação. Duhkha é o que jovem príncipe Sidarta sentiu em sua visão da velhice, da doença e da morte. Uma experiência intensa de duhkha é o que freqüentemente leva as pessoas a uma prática espiritual comprometida — uma doença debilitante, um divórcio, a morte de uma pessoa amada.

Algo como a experiência de duhkha foi o que levou o narrador do Eclesiastes[15] a exclamar: "Vaidade das vaidades! Tudo é vaidade." Ele descobriu que toda a nossa busca de satisfação é vã. Ele acumulou rebanhos de vacas e de ovelhas, ouro e prata. Construiu casas e plantou jardins e vinhedos. Manteve escravos, cantores e concubinas. Mas por fim viu que tudo isso era fútil, que "tudo era vaidade e correr atrás do vento". Ele compreendeu que os que amam as riquezas jamais se satisfarão com o que têm, e quando morremos, os frutos da nossa labuta ficam para os que não lutaram por eles. Mesmo a aquisição de conhecimento e sabedoria não é senão "um correr atrás do vento". O sábio morre e é esquecido do mesmo modo que o tolo. Todos viemos do pó e a ele retornaremos. Refletindo sobre a futilidade de buscar satisfação e sobre a maldade e opressão no mundo, ele diz que os mortos são mais felizes que os vivos, mas mais felizes ainda são os que nem sequer nasceram. Quase todo o Eclesiastes é expressão do sofrimento e da insatisfação da vida humana ordinária.

Algo semelhante ao duhkha é também o que Santo Agostinho[16] sentiu quando um dos seus amigos mais queridos adoeceu e morreu. Agostinho diz em suas *Confissões* que, em seu pesar, sua alma "era fardo, ferida e sangue", e que ele não encontrava descanso ou paz em seus prazeres costumeiros — na companhia de amigos, no riso e na música, nos "prazeres do amor" ou mesmo nos livros e na poesia. Sua mente ficava tomada de pensamentos sobre como a morte apanharia a todos, do mesmo modo como havia apanhado seu amigo. Para onde quer que olhasse, tudo o que ele via era morte. O encontro de Agostinho com o sofrimento e a impermanência inerente à vida deixou-o "doente e cansado de viver e, todavia, com medo de morrer".

Tendo como primeira premissa a verdade do sofrimento, o Budismo pode parecer um tanto sombrio ou pessimista. Mas ele ensina mais três verdades. As duas primeiras são as más notícias; as duas últimas são as boas.

Segunda Nobre Verdade: A Origem do Sofrimento

A Segunda Nobre Verdade é a verdade da origem do duhkha. O Budismo observa que a origem do sofrimento é *trishna* ou cupidez.

A palavra sânscrita *trishna* foi originalmente traduzida para o inglês como "desire" (desejo), o que induz a equívocos. Naturalmente, temos desejos — desejo de água, comida, abrigo, sexo, companhia, de nos sentir bem e não mal, de ter experiências agradáveis e de evitar as desagradáveis, de manter-nos vivos. Dizer que a origem do sofrimento é o "desejo" dá a impressão de que o estado humano ideal seria o de uma vida reprimida. Mas o objetivo do Budismo não é eliminar desejos. O desejo, em si, não é o problema.

O problema surge quando o simples desejo se transforma em "cupidez" — isto é, quando o desejo é possessivo[17] ou agressivo, quando sentimos que o nosso desejo *deve* ser satisfeito a qualquer preço, quando acreditamos que a alegria na vida depende da satisfação desses desejos e perseguimos freneticamente aquilo que tanto cobiçamos. Mas isso é um correr atrás do vento. Os nossos desejos são inesgotáveis, e correndo atrás deles incessantemente ficamos cansados, frustrados e ainda insatisfeitos.

Como uma espécie de elaboração sobre o diagnóstico da cupidez, o Budismo observa que a origem do sofrimento são os assim chamados Três Venenos: apego, aversão e ignorância. Ansiamos por experiências agradáveis e satisfatórias, e reagimos a elas com apego — com cobiça, aferrando-nos a elas, apossando-nos delas. Ansiamos por ficar livres de experiências desagradáveis e insatisfatórias, e reagimos a elas com aversão — com ódio, raiva, agressão. Nossos apegos e aversões — nossa possessividade e agressividade — nos levam a agir de formas que provocam sofrimento a nós mesmos e aos outros. Como expressa a Primeira Nobre Verdade, a vida é cheia de sofrimento, e todas as coisas são impermanentes. Por isso, se a verdadeira satisfação pode ser encontrada, ela não pode se basear no apego ao prazer e na aversão ao sofrimento. Jamais alcançaremos esse objetivo plenamente com nenhum dos dois. A verdadeira satisfação está em tomar conhecimento e esquecer nossas lutas com a nossa experiência e em simplesmente ficar com a experiência — em *ser* a experiência — e responder com sabedoria e compaixão.[18]

Essas lutas com a nossa experiência — nossas reações venenosas de apego e aversão — têm a sua raiz no terceiro dos Três Venenos, a ignorância. Essa ignorância é de um tipo muito específico. Nós ignoramos o que o Budismo chama de não-eu.

A nossa maneira habitual de lidar com a vida está focalizada nos apegos e aversões centrados no eu, no desejo de que as coisas sejam do jeito que queremos. Observamos a vida da posição vantajosa do "eu/me": o que me agrada e o que não me agrada, o que me ajuda e o que me prejudica, o que eu aprovo e o que eu desaprovo. Tendemos a pensar e a nos comportar como se fôssemos entidades separadas e distintas, completamente independentes de tudo e de todos. A nossa vida gira em torno do "eu", que achamos que precisa ser gratificado com o prazer, protegido do sofrimento e acima de tudo protegido da não-existência.

Mas o nosso centramento no "eu" assenta-se sobre bases muito frágeis. O Budismo observa que o "eu" com que nos preocupamos tão desesperadamente é uma ilusão, uma ficção, uma construção. A nossa natureza essencial é não-eu. Isso não significa que não existimos realmente ou que de certo modo somos irreais; é evidente que somos reais. Significa que a nossa "esseidade" independente é ilusória. Todos e todas as coisas são interconectados e interdependentes. A Segunda Nobre Verdade diz que a ignorância do nosso não-eu é a origem dos nossos apegos e aversões, que por sua vez são a origem do sofrimento.

A Primeira e a Segunda Nobres Verdades constituem as más notícias da condição humana, as más notícias do sofrimento e da sua origem. Sempre admirei o fato de o Budismo começar com as más notícias. Como está dito no

O Hobit, "Não se esqueça de levar em conta o dragão, se você mora perto dele."[19] O dragão do sofrimento e da impermanência não é apenas o nosso vizinho, mas também o nosso colega de quarto, e o Budismo começa reconhecendo que o dragão está na sala. Procuramos a grande sabedoria do mundo porque algo está errado, porque nos machucamos, porque a nossa vida não está como gostaríamos. A Primeira Nobre Verdade nos encontra onde estamos. Ela reconhece o sofrimento que sentimos com os duros e assustadores fatos da vida: sofrimento e impermanência. Assim também, sempre gostei da posição de destaque do crucifixo no Catolicismo — não apenas a cruz, mas Cristo pregado nela — uma imagem da participação de Deus nas experiências humanas fundamentais do sofrimento e da morte. Como o Budismo e o Cristianismo reconhecem tão claramente e compreendem tão profundamente as más notícias da vida humana, posso acreditar que as suas boas-novas não são ingenuamente otimistas, mas profundamente esperançosas. Posso confiar em que elas tenham alguma sabedoria a compartilhar sobre o modo de viver com um dragão.

A Terceira Nobre Verdade: A Cessação do Sofrimento

Chegamos às boas-novas. A Terceira Nobre Verdade é a verdade sobre a cessação do sofrimento, a observação de que a libertação do sofrimento é possível. A Segunda Nobre Verdade estabelece que a origem do sofrimento é a cupidez; a Terceira Nobre Verdade afirma que é possível libertar-nos da cupidez, e assim do sofrimento que ela causa. Podemos ficar livres para viver uma vida de alegria e compaixão.

Se despertamos da ignorância que está na origem do sofrimento — a ignorância do não-eu — libertamo-nos da tirania do egoísmo e, dessa forma, do sofrimento criado pelos apegos e aversões egocêntricos. Despertamos para a alegria — uma alegria que não depende das nossas circunstâncias — e para a compaixão estendida a tudo e a todos. Libertamo-nos para realmente cuidar dos outros e de nós mesmos, em vez de ficar presos nos anseios possessivos e agressivos do "eu". Libertamo-nos para ser "egoístas" para todos e para tudo, uma vez que não existe ninguém nem nada separado de "mim". Se você magoa, eu magôo, porque você e eu não estamos separados. Se você se alegra, eu me alegro, porque o egoísmo não está interferindo.

Numa palavra, a boa-nova do Budismo é o não-eu. O Budismo é uma maneira de despertar para o não-eu e é uma forma de compaixão. Ao acordar para o não-eu, ficamos livres para a prática da compaixão. Ao despertar para o não-eu, ficamos livres para uma vida de desprendimento. Budismo não é auto-ajuda, mas ajuda altruísta.

O conceito de não-eu não é estranho ao Cristianismo.[20] Quando Paulo diz, "Não sou mais eu que vivo, mas é Cristo que vive em mim", eu o ouço descrevendo um abandono semelhante do "eu". Quando Paulo diz à igreja de Roma que "nós, que somos muitos, somos um corpo em Cristo, e individualmente somos membros um do outro", eu o ouço falando da nossa interconexão e interdependência. O mandamento "Amarás o teu próximo como a ti mesmo" reflete a compaixão liberta do eu. Creio que em geral o ouvimos como uma exortação a amar os outros como a nós mesmos, apesar da nossa tendência natural a agir de modo diferente, mas talvez possamos também ouvi-lo como uma exortação a compreender que os outros não estão separados de nós do modo como normalmente supomos que estejam — que eles não são realmente "outro" — um entendimento que nos levará *naturalmente* a amar os outros como a nós mesmos. Como diz C. S. Lewis: "Se eu amasse o meu próximo como a mim mesmo, quase todas as ações que eu agora pratico como dever moral fluiriam de mim tão espontaneamente como o canto de uma cotovia ou o perfume de uma flor."[21]

Dizer que a nossa natureza essencial é não-eu não significa que toda a noção de um eu é inútil ou que não devemos usar a palavra *eu*.[22] O Budismo observa a realidade a partir de duas perspectivas: a absoluta e a relativa. Da perspectiva absoluta, ou última, o "eu" é visto como ilusório, como uma construção vazia de existência inerente, independente. Mas da perspectiva relativa — a perspectiva comum, cotidiana, convencional — vemos um "eu" convencional independente de outras pessoas e coisas. Na nossa vida diária comum, sejamos iluminados ou não, funcionamos a partir da perspectiva relativa, em que o "eu" é uma ilusão útil e a palavra *eu* faz sentido. Para cortar uma cenoura, preciso perceber a mim mesma, a cenoura, a faca e a tábua de cortar, uns separados dos outros. E, todavia, do ponto de vista absoluto, eu, a cenoura, a faca e a tábua *não* somos separados. O absoluto e o relativo são chamados de duas verdades, ou de dois níveis de verdade.[23] Ambos são verdadeiros. (Grande parte da retórica que parece paradoxal no Zen procede da mistura dos modos de falar absoluto e relativo sobre a realidade.)[24]

Uma analogia pode ser proveitosa aqui. Se examinamos uma fita de filme, vemos centenas de imagens pequenas, separadas, paradas, em seqüência. Essa é a visão "absoluta" de um filme. Quando passamos esse filme com um projetor, na velocidade correta, direcionando-o para uma tela, vemos uma grande imagem em movimento. Essa é a visão "relativa" do filme. Da perspectiva relativa, chamá-lo de "cinema" ou de "imagem em movimento" faz sentido, embora o movimento, em última análise, seja ilusório. O filme tanto é as centenas de pequenas imagens paradas como também uma grande figura em movimento.

O absoluto e o relativo são importantes, mas os instrutores budistas tendem a ressaltar a visão absoluta porque ela é muito menos familiar que a relativa. Quando obtemos um vislumbre do mundo desde a perspectiva absoluta, começamos a compreender a qualidade ilusória do "eu" e a carregar a nossa "esseidade" com mais leveza. Quanto mais plenamente compreendemos o não-eu, mais nos libertamos do jugo dos apegos e aversões centrados no eu. O "eu" pode continuar fazendo as suas pequenas exigências possessivas e agressivas, mas em vez de rastejar submissos podemos sorrir divertidos e *decidir* como agir. Libertamo-nos para viver mais alegre e compassivamente. Libertamo-nos para apreciar mais plenamente o milagre da vida, com todo o seu prazer e sofrimento, sua beleza e feiúra, e libertamo-nos para centrar a nossa vida nas necessidades de toda a realidade, inclusive as nossas, e não nos nossos desejos possessivos e agressivos.

Observe que o Budismo não procura resolver o problema do sofrimento dizendo que o sofrimento é ilusório ou irreal. O sofrimento é real — como todos sabemos muito bem — e o Budismo não tentará convencer-nos do contrário. Há uma história sobre o mestre budista tibetano do século XI, Marpa, que chorava a morte do filho mais velho:

> Seus alunos se aproximaram dele e o encontraram em grande aflição, soluçando e lamentando. Chocados, perguntaram, "Professor, como o senhor pode chorar depois de nos ensinar que tudo é impermanência e ilusão?"
>
> "Sim, é verdade", ele respondeu, "e perder um filho é a ilusão mais dolorosa de todas."[25]

Não nos libertamos *da* dor; nos libertamos *dentro* da dor. A professora de meditação budista Sylvia Boorstein (que casualmente é também judia praticante) se expressa nesses termos: "A dor é inevitável, mas o sofrimento é opcional."[26] O sofrimento é a complicação que o nosso egoísmo constrói em torno de uma simples dor. Libertar-se do sofrimento não significa que, se perder um filho, você não deve se entristecer, ou que, se tem um problema na raiz do dente, ele não doerá. Significa, sim, que podemos viver essa vida cheia de dor livremente, plenamente, com beleza, alegria e compaixão. Podemos nos libertar das ilusões egoístas que transformam a dor em sofrimento para nós mesmos e para os outros.

Como a cessação completa do sofrimento pode parecer uma possibilidade muito remota, Sylvia Boorstein acrescenta a sua própria "Terceira Nobre Verdade e Meia": "O sofrimento é administrável."[27] No caminho para a libertação completa do sofrimento, ele vai ficando cada vez mais controlável. Com a prática, o sofrimento se torna menos assustador, as dificuldades podem ser enfrentadas com mais tranqüilidade e os desejos egoístas se tornam menos pesados e sérios, mais leves e divertidos.

A Terceira Nobre Verdade diz que a libertação do sofrimento é possível e nasce da compreensão do não-eu — não da compreensão ou da crença no não-eu, mas da prática e da vivência direta do não-eu. Assim, então, como compreendemos o não-eu? Como o tornamos real? A Quarta Nobre Verdade nos diz como fazer isso.

Quarta Nobre Verdade: O Caminho

A Quarta Nobre Verdade descreve o caminho para a cessação do sofrimento, o Caminho Óctuplo.[28] Ele se divide em três seções — sabedoria, conduta ética e meditação — chamadas os Três Treinamentos. Cada estágio da prática budista inclui treinamento em todos os três, mas a prática concentra-se antes na conduta ética, depois na meditação e finalmente na sabedoria.

A palavra traduzida como "correto" em cada passo do Caminho Óctuplo tem a conotação de "completo" ou "inteiro". Cada passo contribui para a totalidade, mais do que para a parcialidade ou a fragmentação. Tenho visto também as traduções "habilidoso" e "realista".[29] Seguir o Caminho Óctuplo é viver habilidosamente, viver de acordo com a realidade, e não segundo as nossas ilusões egocentradas sobre a realidade.

As Quatro Nobres Verdades

1. A verdade de *duhkha* (sofrimento ou insatisfação):
   A vida é permeada de dor e impermanência, e na vida não-iluminada isso leva ao sofrimento.
2. A verdade da origem de *duhkha*:
   A origem do sofrimento é a cupidez — ou, mais especificamente, o apego, a aversão e a ignorância do não-eu.
3. A verdade da cessação de *duhkha*:
   A libertação do sofrimento é possível.
4. A verdade do caminho para a cessação de *duhkha*:
   O Caminho Óctuplo leva à libertação do sofrimento:
   Sabedoria:
   　1. Visão correta
   　2. Intenção correta
   Conduta ética:
   　3. Palavra correta
   　4. Ação correta
   　5. Subsistência correta
   Meditação:
   　6. Esforço correto
   　7. Atenção correta
   　8. Concentração correta

Conduta ética. O fundamento do Caminho Óctuplo é a conduta ética, que inclui as práticas do falar correto, do agir correto e do viver correto. Isto é, no que dizemos, no que fazemos e no modo como ganhamos a vida, nós nos abstemos de uma conduta prejudicial e autocentrada e cultivamos uma conduta benéfica e de desprendimento. Procuramos reduzir ao máximo o comportamento que causa sofrimento a nós mesmos e aos outros e aumentamos ao máximo o comportamento compassivo.

　　Na história do Budismo, foram desenvolvidos vários códigos monásticos e conjuntos de preceitos éticos que prescrevem mais especificamente em que consiste a conduta ética. Veremos os Dezesseis Preceitos do Zen no Capítulo Quatro.

Meditação. Para realizar um trabalho completo e duradouro com relação à conduta ética e para possibilitar que ela flua naturalmente, precisamos erradicar a fonte da nossa conduta contrária à ética. Precisamos ver e erradicar os nossos apegos e aversões, para que eles não continuem criando novos brotos de sofrimento. Assim, depois de construir um alicerce para a conduta ética, a ênfase da prática passa para a meditação, que inclui o esforço correto, a atenção correta e a concentração correta. O esforço correto é o envolvimento ativo, determinado, para vencer os estados perniciosos da mente e cultivar os estados benéficos da mente. Atenção correta significa manter uma consciência lúcida e aberta da realidade, observando as experiências no momento presente, tanto as sensações físicas como os pensamentos. Concentração correta é recolher e focalizar a mente, colocando a atenção num único lugar — na respiração, por exemplo. A maioria das práticas deste livro giram em torno da atenção e da concentração; a última prática, "apenas sentar-se", é de pura atenção.

Quando praticamos a meditação — quando nos esforçamos para desenvolver a atenção e a concentração — vemos os pensamentos que nos preocupam, os apegos e aversões egoístas de onde surge o sofrimento e empreendemos a prática de observá-los e de nos livrarmos deles, em vez de deixar que ditem o nosso comportamento. Começamos a vivenciar a realidade de um modo claro, e não nebuloso; desprendido, e não centrado em nós mesmos.

Sabedoria. Para um trabalho completo e duradouro de liberação dos apegos e aversões que levam a uma conduta prejudicial e centrada em nós mesmos, precisamos dar um passo além e extirpar a raiz desses apegos e aversões. Assim, a ênfase da prática passa para a sabedoria, que inclui a visão correta e a intenção correta. Visão correta é compreender a realidade como ela realmente é. Essa visão clara se fundamenta na compreensão das Quatro Nobres Verdades e do não-eu. Visão correta é uma visão desprovida de eu, uma visão que vê a natureza insubstancial do "eu" — experimentando essa natureza insubstancial diretamente, e não apenas entendendo-a intelectualmente. A visão através da ilusão do "eu" extirpa a raiz dos apegos e aversões, que são a origem do sofrimento. Intenção correta é a intenção a favor da renúncia desprendida, da não-agressão e da compaixão. A meditação é um antídoto para dois dos Três Venenos, o apego e a aversão, e a sabedoria é o antídoto para o veneno-raiz, a ignorância.

Mas você pode perguntar: Se a sabedoria é o que nos liberta da causa-raiz do sofrimento, por que não começar por ela em vez de trabalhar primeiro com a conduta ética, depois com a meditação e só então com a sabedoria? É porque simplesmente isso não daria certo para a maioria das pessoas. Sem antes controlar o pior da nossa conduta nociva e centrada em nós mesmos, teremos poucas condições de nos sentar imóveis com a mente em meditação; e sem primeiro desenvolver a prática da meditação, não teremos sucesso em desvelar a sabedoria. Foi constatado através dos tempos que o Caminho Óctuplo é uma forma eficaz de libertação do sofrimento.

A Flecha Envenenada

Um estudante apresentou-se diante de Buda queixando-se de que ele não dava atenção a assuntos como se o universo era eterno ou não, se era finito ou infinito, se a alma e o corpo são iguais ou diferentes, se Buda existe depois da morte ou não, ou se existe e ao mesmo tempo não existe, ou se não existe e também não não-existe. O estudante havia decidido que se Buda não tivesse resposta para essas perguntas ou se admitisse não saber as respostas, ele abandonaria a ordem religiosa.[30]

Buda respondeu com uma analogia. Imagine que um homem foi atingido por uma flecha envenenada e que o amigo o leva correndo ao médico. Imagine que o homem diga para o médico: "Espere! Não vou deixá-lo retirar a flecha até saber quem atirou em mim — seu nome, a casta a que pertence, se é alto, baixo ou de estatura mediana, a cor da pele, de onde ele vem. Não o deixarei retirar a flecha até saber que tipo de arco ele usou para me atingir, de que era feita a corda, que pena estava na flecha e de que material era a ponta." Esse homem morreria antes que essas perguntas fossem respondidas. O que ele precisa é que lhe seja retirada a flecha o mais rapidamente possível.

Do mesmo modo, o aluno de Buda que insiste em saber se o universo é finito ou infinito, e assim por diante, morrerá antes que Buda lhe dê uma resposta. Fomos atingidos pelo sofrimento e precisamos de tratamento imediato. Tentar encontrar as respostas para todas as nossas perguntas metafísicas só nos distrairá do assunto urgente que temos de resolver. E, independentemente das respostas a essas questões, ainda assim nos deparamos com a doença, com a velhice e com a morte.

Buda é um médico cuja primeira preocupação é curar-nos, é retirar a flecha envenenada. A Primeira Nobre Verdade revela o sintoma para o qual buscamos alívio: o sofrimento ou insatisfação. A Segunda Nobre Verdade faz o diagnóstico da causa desse sintoma: a cupidez. A Terceira Nobre Verdade oferece o prognóstico animador de que podemos ser curados da doença da cupidez e assim ficar livres do sofrimento que ela causa. E a Quarta Nobre Verdade prescreve o tratamento: o Caminho Óctuplo.

O Zen e as Quatro Nobres Verdades

As Quatro Nobres Verdades fazem parte de todas as formas de Budismo, mas tradições budistas diferentes se apropriam desses ensinamentos de modos distintos.

Embora o Zen fale sobre o Caminho Óctuplo, a imagem da prática espiritual como caminho realmente não se adapta tão bem ao Zen como se adapta a algumas outras formas de Budismo. Se é um caminho, o Zen é um tipo peculiar de caminho. No caminho zen, acabamos compreendendo que não precisamos ir e que não fomos a lugar nenhum. No Zen, a iluminação não é entendida como uma jornada desde o *samsara*, o reino da ilusão e do sofrimento, até o *nirvana*, o reino da iluminação e da libertação, mas como uma compreensão de que samsara *é* nirvana. A libertação está exatamente aqui, precisamente agora, no meio desta vida de sofrimento e impermanência. Praticamos o Caminho Óctuplo da conduta ética, da meditação e da sabedoria, não como um caminho para alcançar a natureza de Buda, mas simplesmente porque é isso que os budas fazem. Estamos expressando a nossa natureza búdica inata. O Zen não é um caminho *para* a libertação, mas um caminho *de* libertação — um caminho que manifesta a nossa libertação intrínseca.

Descobri outra peculiaridade relacionada com o modo como o Zen se apropriou das Quatro Nobres Verdades quando eu me preparava para ministrar uma aula para adultos, sobre Zen e Cristianismo, na escola dominical. Tirei uma porção de livros budistas da prateleira para ver como seus autores apresentavam as Quatro Nobres Verdades, e descobri diversas formas de apresentação em manuais sobre Budismo e em livros escritos por professores budistas de tradições diferentes do Zen, mas não encontrei uma única apresentação sistemática das Quatro Nobres Verdades em toda a minha prateleira e meia de livros sobre Zen. Isso na verdade não surpreende, considerando-se o enfoque peremptório e inarredável do Zen à prática e à experiência, e não a idéias. Os professores de Zen mencionam normalmente as Quatro Nobres Verdades, aparentemente supondo que os estudantes já as conheçam a partir de suas próprias leituras, mas no Zen, mesmo os ensinamentos budistas são vistos como distrações em potencial da remoção da flecha envenenada do sofrimento.

O âmago do caminho zen de libertação não é o aprendizado, o entendimento ou a crença, mas a prática e a experiência.

Prática

Observação dos Pensamentos

A meditação zen muitas vezes é confundida com a prática de deter os pensamentos ou de não ter pensamentos, mas na verdade é uma prática de observar os pensamentos. O Zen não quer eliminar os pensamentos, mas iluminá-los.[31]

Os Pensamentos Não São Distrações

Se tentar contar a respiração, nem que seja por cinco minutos, você provavelmente observará algo um tanto desconcertante: em geral a nossa mente está cheia de barulho. É como se alguém deixasse nela um aparelho de TV ligado a todo o volume. E o rádio também está ligado, e o telefone está tocando, e o cachorro perto da porta está latindo.

É fácil pensar que todos esses pequenos pensamentos buliçosos que povoam a nossa mente e atraem a nossa atenção são distrações da meditação. Mas não são. Na verdade, *distrações* é exatamente a palavra errada. *Distrações* implica que todas as idéias, emoções, imagens, planos, lembranças, fantasias, julgamentos e assim por diante, que surgem durante a prática da meditação são de algum modo *outra coisa diferente* da prática, que nos distraem daquilo que "supostamente" deveríamos fazer. Mas os pensamentos não são distrações da prática, interrupções da prática, um obstáculo à prática ou indicação de uma prática deficiente.

Os pensamentos são parte intrínseca da prática zen, o alimento da prática. Colocamos a atenção compassiva nas sensações físicas do respirar ou caminhar e nos pensamentos que a desviam do ato de respirar ou caminhar. Observamos os pensamentos extraviados e reconduzimos suavemente a atenção para o momento presente, repetidamente, sempre de novo.

Às vezes as pessoas pensam: "Não consigo meditar; minha mente é muito agitada." Mas a sua mente não é muito agitada. Todos os pensamentos são apenas matéria para observar, e a prática zen é exatamente isso: observar.

Não há necessidade de reprimir os pensamentos ou de ignorá-los. Não há necessidade de julgá-los ou censurá-los. Simplesmente observe-os. Tenha consciência deles. E, se perceber que está reprimindo, ignorando, julgando ou censurando os seus pensamentos, não é preciso reprimir, ignorar, julgar ou censurar *isso*. Simplesmente observe e volte a atenção para a respiração ou para o andar. Não importa o que surja, observe e volte a atenção para as sensações físicas do momento presente.

Certa vez, quando eu estava no mosteiro, sonhei que eu havia colocado uma caixa de som no chão, no meio da sala de meditação vazia e que a música era de Led Zeppelin. Compreendi que eu estivera reprimindo emoções na minha prática e que alguma parte de mim sabia mais. Não há nenhum problema com as emoções; elas não são distrações. Deixe-as surgir, observe-as e volte para o momento presente.

Alguns pensamentos são mais insistentes do que outros. Às vezes você observa um pensamento e o deixa ir, mas ele volta e continua reaparecendo sem parar. Pode ser que esse pensamento precise de atenção especial depois de terminada a meditação. Ele pode indicar alguma coisa que precise de cuidados. Era grande a minha tensão quando, no meu zazen, os pensamentos insistiam em me mostrar o quanto eu odiava o meu emprego. Finalmente, compreendi que eu não precisava continuar observando e soltando esses pensamentos; eu precisava conseguir outro emprego!

Às vezes, no zazen, você pode ter pequenas alucinações indefinidas, conhecidas como *makyo*. Freqüentemente, elas são visuais —'por exemplo, a luz parece diminuir ou imagens vêm à superfície na sua frente — mas elas podem envolver qualquer um dos sentidos. Makyo é apenas outro tipo de pensamento e é tratada como qualquer outro pensamento: observe-a e volte para o momento presente.

Dogen Zenji, mestre zen japonês do século XIII, disse:

Estudar o Caminho de Buda é estudar o eu.
Estudar o eu é esquecer o eu.
Esquecer o eu é ser iluminado pelas dez mil coisas.[32]

Para compreender o nosso não-eu inerente, estudamos o eu. Observamos cuidadosamente com o que a nossa mente se entretém. Observamos nossos apegos e aversões, nossa possessividade e agressividade. Todos esses pensamentos que detectamos não são distrações da nossa prática zen; são a atividade que chamamos de "eu". Observar esse eu é estar livre de sua dominação e ser iluminado pelas "dez mil coisas", isto é, por tudo.

Observação dos Pensamentos com Compaixão

Mas o que significa exatamente "observar" um pensamento antes de voltar à respiração ou ao caminhar?

Quando comecei a prática zen, eu tinha a tendência de pisotear os meus pensamentos ou de atingi-los como discos de hóquei, ou então tentava ignorá-los ou fingia que não estavam ali. Mas não é esse o enfoque do zazen. Observar um pensamento significa simplesmente percebê-lo por um instante antes de reconduzir a atenção às sensações físicas do momento presente. Saber qual era o pensamento. Ouvir um eco dele. Tirar uma fotografia dele. Toda uma seqüência de cinco minutos de pensamentos pode prender a sua atenção; observe apenas o último deles, aquele com que você estava envolvido quando percebeu que estava pensando. Não analise o pensamento, não o amplie, não pense nele. Apenas leve a atenção momentaneamente para ele. Então, libere-o e volte calmamente a atenção para a respiração ou para o andar.

A observação na prática zen é precisa, mas também suave.[33] Você observa os pensamentos e as sensações físicas com precisão — vendo exatamente o que está acontecendo com um tipo de meticulosidade científica. Mas essa precisão não é rude ou crítica. Você observa os pensamentos e as sensações físicas com suavidade também — com bondade, ternura, compaixão.

Eis uma imagem útil que aprendi com um instrutor de meditação. Você está numa estação de trem. O seu trem vai partir em dois minutos. Você está no meio da multidão e se encontra com um amigo que não vê há muito tempo. Você pára, sorri, diz algumas palavras e talvez abrace o amigo. Talvez o incentive a lhe dar um telefonema. Então você corre para pegar o trem. Você não ignora o seu amigo. Não foge como se não o tivesse notado. Mas também não inicia uma longa conversa e perde o trem. Você pára apenas um instante para ficar com seu amigo de um modo afetuoso e verdadeiro, e então segue seu caminho. Você não precisa fazer o seu amigo se afastar; apenas deixa que ele fique, enquanto você corre para pegar o trem.[34]

Trate os pensamentos que surgem durante a meditação como se fossem o seu amigo na estação de trem. Ao perceber que um pensamento o desviou das sensações físicas da respiração ou do andar, fique com o pensamento por um breve instante. Não o ignore nem passe por ele sem fazer um contato real, mas também não inicie uma conversa longa com ele. Pare por um momento para levar uma atenção compassiva ao pensamento, e então afaste-se dele. (Ele provavelmente lhe fará outra visita mais tarde.) Você não precisa mandar o pensamento embora; apenas deixe que ele fique,[35] e volte a atenção para o respirar ou o caminhar. Despeça-se de cada pensamento com um abraço e volte ao momento presente.[36]

Lista de Pensamentos

O formato dos meus grupos de meditação zen para cristãos se baseia no modelo dos grupos de oração contemplativa cristã conduzidos pelo Shalem Institute for Spiritual Formation. Terminado o período de orações, as pessoas fazem uma reflexão por escrito; foi esse procedimento que resolvi incluir nos meus grupos zen. Embora o Zen seja deliberadamente não-verbal e não-conceitual, achei que valeria a pena fazer uma experiência com a reflexão escrita, e descobri que ela é útil, especialmente o exercício de listar os pensamentos. Convido os participantes dos grupos de meditação a relacionar todos os pensamentos que lembram que surgiram durante o período de meditação. Esse exercício ajuda a reforçar o aspecto de que os pensamentos são parte intrínseca da prática, e anotá-los pode ajudar-nos a visualizar com mais clareza o que nos preocupa, quais são precisamente os nossos apegos e aversões.

Você pode fazer experiências com esse exercício de vez em quando. Imediatamente após um período de meditação, anote todos os pensamentos que conseguir lembrar que ocorreram durante a meditação — cada fragmento da atividade mental. Se parecer que houve um grande borrão de pensamentos, apenas procure extrair algumas porções vagas de idéias, emoções, imagens, enfim, do que quer que seja.[37]

A lista é unicamente para você, e para mais ninguém, de modo que pode jogar o papel fora ou deletar o arquivo do computador assim que terminar, não havendo por isso necessidade de censura. Inclua os pensamentos voluptuosos, os raivosos, os frívolos, os aborrecidos, os ansiosos, os surreais, as idéias sobre a prática — tudo.

Não há valor moral, bom ou mau, ligado aos pensamentos que simplesmente vêm à tona. Quando Jesus diz que ao olhar para alguém com luxúria já se cometeu adultério no coração,[38] entendo que "olhar com luxúria" significa entreter intencionalmente um pensamento libidinoso — comprazendo-se com o pensamento, saboreando-o, ampliando-o, prolongando fantasias em torno dele — e não apenas perceber que um pensamento obsceno entrou na consciência. Paulo diz aos Efésios: "Irai-vos, mas não pequeis."[39] Pensamentos de raiva não são em si mesmos pecaminosos. É o que fazemos com os sentimentos raivosos que pode ser pecaminoso.

Como descobrimos rapidamente na prática da meditação, os pensamentos surgem sem o nosso controle ou consentimento. Gosto do que o monge trapista Thomas Merton diz sobre isso: "Às vezes um homem piedoso e uma mulher piedosa se torturam durante a meditação porque imaginam que estão 'condescendendo' com os fantasmas de um burlesco lascivo e um tanto idiota que está sendo fabricado na sua imaginação, sem conseguir fazer nada para interrompê-lo." Mas como também diz Merton: "Não existe perigo real nessas coisas."[40] A moralidade só entra em cena se intencionalmente alimentamos um pensamento ou, naturalmente, se agimos baseados no pensamento; mas não há nada de moral ou imoral em simplesmente ter um pensamento. Por isso, sinta-se livre para observar *todos* os seus pensamentos, sejam eles impróprios, elevados ou nem uma coisa nem outra.

3

Ensinamentos Zen e Ensinamentos Cristãos

Os Ensinamentos Zen Não São Doutrinas

Certa noite, para distrair-me, fiquei procurando na Internet os nomes de velhos amigos, para ver se descobria o que era feito deles; no fim, pesquisei o meu próprio nome, curiosa com o que encontraria. A busca revelou uma série de coisas que eu escrevera, um conjunto de *sites* mencionando um jogador de golfe com o mesmo nome que o meu, o *site* da Boykin's Desert Surf Shop (nenhuma relação) e um artigo sobre Zen e Cristianismo que eu não escrevi. Achei essa uma coincidência extraordinária — que houvesse outra Kim Boykin envolvida com Zen e Cristianismo — mas era eu mesma.

Eu dera uma palestra sobre Zen para um público de alunos do ensino médio num colégio cristão em Atlanta, como parte da "Semana da Consciência Internacional" da escola, cujo enfoque, nesse ano, era a Ásia Oriental. Um dos professores que havia participado da palestra escreveu um ensaio como réplica, "O Zen da Confusão", e o incluiu num *site* cristão. No ensaio, ele afirmava que não se pode praticar Zen como cristão, apesar do que eu afirmara, porque há contradições fundamentais entre as duas tradições. Para fundamentar sua argumentação, citou entre vários exemplos o de que o Cristianismo ensina que os seres humanos são diferentes de Deus e uns dos outros, ao passo que para o Budismo "tudo é uma coisa só".

Percebi que o argumento baseava-se numa compreensão errônea do Zen. Provavelmente, eu não deixara suficientemente claro na palestra que os ensinamentos do Zen não podem ser considerados como doutrinas, crenças, artigos de fé, ou algo semelhante, do modo como o Cristianismo entende es-

69

ses conceitos. Do meu ponto de vista, são três os tipos principais de ensinamentos do Zen, e nenhum deles é doutrina.

Primeiro, alguns ensinamentos zen são instruções práticas sobre meditação e conduta ética, como "Sente-se na metade anterior do zafu" ou "Não desvirtue a sexualidade". Essas são regras, orientações, conselhos — ensinamentos sobre como praticar, como viver, e não sobre o que acreditar. O que acontece em centros e mosteiros zen é em geral chamado de treinamento zen, e a frase se aplica bem aqui. O ensinamento zen é mais um treinamento ou orientação individual do que catequese ou doutrinação.

Segundo, os ensinamentos zen também incluem centenas de *koans* que são usados como foco de meditação e como tema desenvolvido pelos mestres zen em suas conversas com os alunos. Um koan é em geral um pequeno episódio extraído da história antiga do Zen na China, freqüentemente sobre a interação entre um discípulo e um mestre ou entre dois mestres. Mais tarde, os mestres zen compilaram coleções de koans, acrescentando a cada um seu comentário pessoal e às vezes um verso.

O koan a seguir[41] é de uma coleção intitulada *Mumonkan*, ou *A Barreira sem Portão*, compilada por Mumon, um mestre zen chinês do século XIII:

Shuzan mostrou sua bengala e disse: "Se você disser que isso é uma bengala, você se opõe à realidade. Se não disser que é uma bengala, você ignora o fato. Agora, que nome você quer dar a isto?"

Comentário de Mumon: Se chama isso de bengala, você se opõe à realidade. Se não o chama de bengala, você ignora o fato. Ele não pode ser expresso com palavras e não pode ser expresso sem palavras. Agora diga rapidamente o que é.

Mostrando a bengala,
Ele deu uma ordem de vida ou morte.
Positivo e negativo entrelaçados,
Mesmo Budas e patriarcas não conseguem
evitar esse ataque.

Você consegue entender? Nem eu. O objetivo dos koans é ajudar os estudantes de Zen a despertar para a sabedoria e a compaixão, mas não há nada neles em que os estudantes devam acreditar ou mesmo que devam realmente compreender em qualquer sentido racional ou intelectual. Muitos koans parecem mais inteligíveis quando você está familiarizado com as imagens e metáforas comumente usadas no Zen, e se você leu as notas de rodapé do tradutor sobre o contexto chinês e assim por diante, mas mesmo nesses casos os koans não "fazem sentido". Os koans não têm relação com palavras ou idéias, mas sim com a experiência. Responder a um koan não é imaginar o que ele queira dizer e apresentar uma resposta que seja sensata, arguta ou mesmo inteligente, mas respondê-lo a partir de um determinado estado mental — um estado desperto. Embora os koans sejam uma forma de ensinamento zen, e as coleções de koans constituam parte importante e volumosa da literatura zen, eles evidentemente não podem ser entendidos como "doutrinários".

É provável que essas duas primeiras categorias de ensinamentos zen — instruções práticas e koans — não sejam confundidas com doutrinas, mas outros ensinamentos se prestam mais facilmente a esse equívoco. Reúno esses numa terceira categoria: os que podem parecer doutrinas. Ensinamentos como as Quatro Nobres Verdades e o não-eu podem parecer declarações de verdade sobre realidades objetivas. Podem parecer proposições em que se esperaria que os praticantes zen acreditassem. Na verdade, porém, são observações sobre a experiência humana, e a expectativa é a de que os praticantes de Zen as tenham em mente como um guia para sua própria prática e experiência.

A Primeira Nobre Verdade, por exemplo, não é uma proposição sobre uma realidade objetiva, mas uma observação sobre a experiência humana: que a vida humana ordinária é permeada pela experiência do sofrimento. Do mesmo modo, a Segunda Nobre Verdade, que afirma que a origem do sofrimento está na cupidez, é uma observação sobre a experiência humana. Podemos ver em nós mesmos como os nossos desejos intensos nos escravizam e causam sofrimentos para nós mesmos e para os outros. Também podemos passar pela experiência da libertação do sofrimento que a Terceira Nobre Verdade diz ser possível.

A Quarta Nobre Verdade inclui-se na minha primeira categoria de ensinamentos zen, as instruções práticas, pois ela especifica o caminho para a libertação do sofrimento, mas é também uma observação sobre a experiência, como todas as instruções práticas do Zen. O Caminho Óctuplo é considerado um meio de libertação da experiência do sofrimento do mesmo modo que o sentar-se com a coluna ereta comprovadamente favorece a experiência sustentada do estado de alerta e de atenção.

O ensinamento do não-eu freqüentemente é tomado como asserção metafísica, uma proposição sobre uma realidade objetiva, e em algumas formas de Budismo é assim que o não-eu é de fato entendido: como uma verdade de que não existe algo como o eu. Mas no Zen, o ensinamento do não-eu, embora às vezes seja tratado como se fosse uma asserção metafísica, acaba não tendo relação com a existência ou não-existência de alguma entidade intangível, mas com o nosso modo de estar no mundo. O não-eu é simplesmente outra observação sobre a experiência: que é possível libertar-se da constrição de uma vida centrada no "eu" e passar a viver mais livre, alegre e compassivamente.

Relacionada com o não-eu está a *não-dualidade*, o ensinamento de que as coisas que normalmente vemos como separadas e diferentes umas das outras, ou mesmo como opostas, em última análise não são duas, nem separadas, nem distintas. Você e eu não somos dois. Nirvana e samsara não são dois. O absoluto e o relativo não são dois. Tudo no universo é essencialmente não dois. Estritamente falando, não-dualidade não significa que "tudo é um". Não-dualidade significa apenas que tudo não é dois, e ponto final. A não-dualidade nega uma natureza dual das coisas,[42] mas não afirma a unicidade. Tudo não é dois, mas tudo também não é um. Por isso, *não-dual* pode ser entendido como "nem dois nem um". Novamente, no Zen, isso não é uma afirmação sobre uma realidade objetiva, mas uma expressão da experiência humana.

Se você acha idéias como "nem dois nem um" confusas, não se preocupe. Como isso não é algo em que se espera que os praticantes de Zen acreditem, não é um grande problema se você não conseguir entender tudo. Na verdade, uma função da linguagem paradoxal muito comum no Zen é enfatizar que não conseguimos programar a nossa iluminação. Os professores de Zen dirão felizes coisas disparatadas, virarão os ensinamentos de cabeça para baixo, ou os demolirão como sua base de apoio e o farão estatelar-se no chão se isso puder ajudar a despertá-lo para o seu não-eu e liberdade inerentes, objetivo último dos ensinamentos do Zen. Uma imagem comum no Zen é a de um dedo apontando para a lua: o dedo dos ensinamentos apontando para a lua da iluminação. O Zen não se ocupa com a compreensão do dedo, mas com a visão da lua.

A ausência de doutrinas é uma das características do Zen que possibilitam que um cristão — ou um judeu, um ateu, um budista e outros — o pratiquem. Não há nada no Zen que entre em conflito com qualquer crença que você possa professar sobre Deus e a natureza da realidade. Sejam quais forem as suas crenças, se você sofre, o Zen tem algo a oferecer: um modo de libertar-se do sofrimento, uma forma de se tornar livre para viver com alegria e desprendimento.

Venho comparando os ensinamentos zen, compreendidos como observações sobre a experiência, com doutrinas, cristãs ou não, entendidas como proposições sobre a realidade objetiva. Esse é um paralelo útil para explicar o que os ensinamentos zen não são, mas na verdade não é justo para com o Cristianismo. Não quero sugerir que o único modo, ou o melhor modo, para compreender as doutrinas cristãs seja através de proposições em que se deva acreditar.

Um teólogo cristão contemporâneo, George Lindbeck,[43] observa que existem atualmente três maneiras principais de compreender as doutrinas cristãs.

Primeira, as doutrinas podem ser entendidas como "proposições informativas ou asserções de verdade sobre realidades objetivas". Eu adoto esse modo de compreender as doutrinas (e a articulação que Lindbeck faz dela) para comparar ensinamentos zen com doutrinas. Nesse enfoque, observa Lindbeck, as doutrinas se assemelham às proposições da ciência ou da filosofia. Compreendendo as doutrinas cristãs desse modo, então, por exemplo, a doutrina de que Jesus ressuscitou dos mortos é tomada como uma asserção significativa em termos religiosos sobre uma pessoa em particular e sobre um evento específico na história.

Alternativamente, as doutrinas cristãs podem ser compreendidas como "símbolos de sentimentos e atitudes interiores ou de orientações existenciais". Essa abordagem ressalta as semelhanças entre religião e arte. Se compreendemos as doutrinas cristãs dessa maneira, então a doutrina de que Jesus ressuscitou dos mortos é tomada como uma expressão significativa em termos religiosos do sentido da vida humana mesmo diante da nossa mortalidade, ou como o triunfo definitivo da vida e da bondade sobre a morte e o mal, ou do nosso acesso sempre presente ao divino mesmo quando ele parece ausente, ou algo na mesma linha de raciocínio. (Você vai perceber que há muito mais espaço para interpretação quando as doutrinas são entendidas mais desse modo do que do primeiro. Isso pode ser considerado um problema, uma vantagem, ou ambos.)

Compreendendo as doutrinas desse segundo modo, os ensinamentos zen são como doutrinas por serem expressões de realidades "internas" mais do que proposições sobre realidades "externas". Mas os ensinamentos zen são diferentes enquanto não são em geral simbólicos (exceto na medida em que toda linguagem é simbólica). A Primeira Nobre Verdade, por exemplo, não é uma imagem, uma história ou uma metáfora que expressa a experiência humana do sofrimento, mas uma afirmação direta de que a vida é permeada de sofrimento.

As duas interpretações anteriores podem ser combinadas, de modo que as doutrinas cristãs sejam entendidas tanto como proposições sobre realidades objetivas quanto como expressões da experiência humana (Lindbeck encontra essa interpretação das doutrinas cristãs especialmente entre os católicos com "tendência ecumênica".) Assim, a doutrina de que Jesus ressuscitou dos mortos é compreendida como significativa em termos religiosos tanto como afirmação histórica quanto como expressão da experiência humana.

Quando o professor cristão do colégio de Atlanta, ao contestar a minha palestra sobre o Zen, afirmou que existem contradições fundamentais entre ensinamentos zen e cristãos, ele estava dizendo que eu não deixara claro como os ensinamentos zen funcionam. Ele compreendeu as doutrinas cristãs de um modo específico — como proposições sobre realidades objetivas — e entendeu os ensinamentos zen do mesmo modo, o que é um mal-entendido. Assim, ele viu contradições entre proposições concorrentes: proposições zen em oposição a proposições cristãs. Mas como os ensinamentos zen não são proposições sobre realidades objetivas, eles não podem contradizer e nem mesmo competir com proposições cristãs sobre realidades objetivas. Os ensinamentos zen não são doutrinas nesse sentido. Eles são, antes, expressões da experiência humana.

O restante deste capítulo será dedicado à análise de algumas semelhanças e diferenças entre ensinamentos zen e ensinamentos cristãos — um aprofundamento que pode oferecer uma nova percepção tanto do Zen como do Cristianismo. Essa é uma das coisas que eu gosto com relação ao diálogo entre credos: além de ser uma forma de aprender sobre uma tradição pouco conhecida, pode ser também um modo de lançar mais luz sobre o que nos é familiar.

Semelhanças: Zen e Cristianismo sobre a Condição Humana

Se compreendemos os ensinamentos cristãos, pelo menos em parte, como expressões da experiência humana, podemos ver algumas semelhanças significativas entre os ensinamentos zen e os ensinamentos cristãos relacionados com a condição humana.

As Coisas São uma Grande Confusão, mas, Mesmo Assim, Tudo Bem[44]

Da minha perspectiva, o Zen e o Cristianismo têm em comum essa mesma visão fundamental da vida humana: as coisas são uma grande confusão, mas, mesmo assim, está tudo bem. (Aproveito aqui um pouco da terminologia dos professores de Zen Charlotte Joko Beck e Ezra Bayda.)

A "grande confusão" zen está expressa na Primeira Nobre Verdade, a verdade do duhkha, do sofrimento e da insatisfação. O sofrimento é um componente que impregna toda a vida humana não-iluminada. Sofremos a dor e a impermanência inerentes a esta vida. Essa é a má notícia.

Mesmo assim, porém, tudo bem. A Terceira Nobre Verdade diz que a libertação do sofrimento é possível. É possível viver essa vida dolorosa de impermanência livremente, compassivamente, alegremente, sem medo, sem sofrimento. A nossa libertação, a nossa iluminação está aqui mesmo, neste mundo permeado de dor e impermanência. Apesar da grande confusão, está tudo bem. Por menos iluminados que possamos nos sentir, já somos budas, precisando apenas despertar para o estado de Buda. Essa é a boa-nova.

O Cristianismo também diz que as coisas são uma grande confusão, mas que tudo está bem. A "grande confusão" cristã é a nossa queda, a nossa condição de pecadores, a nossa alienação de Deus e oposição a Ele, o nosso fracasso em confiar em Deus, em amar a Deus, ao próximo e a nós mesmos. Decaímos de um estado de graça para o pecado e a mortalidade. Essa é a má notícia.

Apesar disso, porém, tudo está bem, porque a salvação e a vida eterna são oferecidas através de Cristo. Nosso Deus clemente e misericordioso desceu dos céus e tornou-se humano para nos salvar — para salvar *a nós* — não alguns seres sem defeitos, sem pecados, perfeitos, mas, nós seres humanos reais, de carne e ossos, absolutamente menos do que perfeitos. Por estranho que possa parecer, Deus ama e perdoa os *pecadores*. Precisamos apenas arrepender-nos de nossos pecados e colocar a nossa fé em Cristo. Essa é a boa-nova.

Essas semelhanças estão resumidas na tabela. (Se você não gosta de tabelas — se você não se dá bem com esquemas assim — simplesmente ignore-a, sem nenhum problema.)

Observe que tanto no Zen como no Cristianismo não encontramos a libertação fugindo deste mundo confuso. A nossa libertação está exatamente aqui, no meio da confusão. Achávamos que tínhamos de evitar a dor. Achávamos que tínhamos de nos tornar sem pecado. Não admira que estivéssemos desanimando tanto. Mas aleluia, entendemos tudo errado! A iluminação está exatamente aqui neste mundo de dor e impermanência. Não precisamos nos *tornar* budas; já *somos* budas. A salvação é oferecida aos *pecadores*. A iluminação é melhor do que a redução da dor, e a salvação é melhor do que a redução do pecado. Podemos ficar livres do sofrimento que geralmente vinculamos à nossa dor. Podemos ficar livres do julgamento dos nossos pecados.

Veja que eu não estou tentando equiparar sofrimento e pecado ou iluminação e salvação. Sem dúvida, há diferenças importantes. Apenas quero mostrar o que vejo como alguns paralelos intrigantes entre os ensinamentos

	As más notícias: As coisas são uma grande confusão...	*As boas-novas:* mas mesmo assim tudo está bem.
ZEN	*Sofrimento:* A vida não-iluminada é permeada pelo sofrimento da dor e da impermanência...	*Iluminação:* mas a libertação do sofrimento é possível. Já somos budas.
CRISTIANISMO	*Pecado:* A humanidade decaiu no pecado e na mortalidade...	*Salvação:* mas a salvação e a vida eterna são oferecidas em Cristo, através da graça de Deus. Deus ama os pecadores.

zen e os ensinamentos cristãos sobre a condição humana. Também espero que essa comparação possa ajudá-lo a ouvir com outros ouvidos as extraordinárias Boas-Novas da graça de Deus.

Os Frutos da Libertação e o Papel do Esforço

Mas o que dizer sobre a possibilidade de reduzir o volume de sofrimento ou de pecado na nossa própria vida e no mundo? O que dizer da compaixão incondicional por todos os seres sencientes? O que dizer do amor a Deus e ao próximo? Obviamente, essas são coisas boas e importantes; por isso, onde se inserem?

Pelo menos algumas correntes do Budismo e do Cristianismo dizem que essas coisas boas e importantes brotam da nossa libertação. É comum cometermos o erro de pensar que a prática segundo os valores da nossa tradição nos ajudará a alcançar a libertação. Mas não; nós entendemos isso às avessas. A prática espiritual, o amor e a compaixão não nos *conseguem* a libertação; antes, são os *frutos* da nossa libertação. Uma boa árvore dá bons frutos. Essa é outra semelhança entre as observações do Zen e do Cristianismo sobre a experiência humana.

No Zen, a nossa natureza búdica — isto é, a nossa natureza desperta ou iluminada — já está sempre presente. Práticas como meditação e obediência aos preceitos budistas são fundamentais no Zen, mas não porque nos ajudarão a obter, alcançar ou criar a nossa natureza búdica. A nossa natureza búdica está sempre exatamente aqui, exatamente agora. A meditação e o cumprimento dos preceitos são expressões e manifestações da nossa natureza búdica inerente. As práticas zen podem, talvez, ajudar-nos a despertar para nossa iluminação inerente, ajudar-nos a perceber que a iluminação que estivemos buscando já está aqui — e que essa percepção pode ser transformadora. A "realização" do nosso estado búdico nas nossas ações no mundo procede dessa compreensão. Progressivamente (no caso ideal), agiremos com compaixão abnegada por todos os seres sencientes. Nossa meditação e nossa ação compassiva não nos *conseguem* o estado búdico; pelo contrário, elas são os *frutos* do nosso estado búdico inerente.

Do mesmo modo, no Cristianismo, a nossa salvação, ou "justificação", é oferecida livremente por Deus aos que se arrependem e aceitam o amor transbordante e a ação salvífica de Deus, consumados em Jesus Cristo através do Espírito Santo. Práticas cristãs como a oração, o culto, o estudo das escrituras e o empenho para sermos seres humanos amáveis e morais são evidentemente essenciais no Cristianismo. Mas não podemos, por fazer essas coisas boas, conseguir, alcançar ou criar a nossa justificação. As práticas do Cristianismo são modos de expressar e encarnar a extraordinária boa-nova do amor de Deus por nós. E podem ser meios, talvez, de descobrir e aceitar o amor misericordioso e salvador de Deus — e essa aceitação pode ser transformadora. Nossa "santificação" — isto é, nossa santidade crescente, nossa fé, esperança e amor crescentes — nascem da nossa justificação. Cada vez mais (no caso ideal), nossas ações manifestarão o amor a Deus, ao próximo e ao eu. Nossa fé, esperança e amor não nos *conseguem* a justificação; pelo contrário, esses são os *frutos* da nossa justificação.

Assim, em certo sentido, o esforço humano é irrelevante. Tanto no Zen como no Cristianismo, a libertação não pode ser conseguida ou alcançada. Mas isso não significa, naturalmente, que o esforço humano seja irrelevante para a vida religiosa. Embora nossos esforços não possam ajudar-nos a conseguir ou a alcançar a salvação ou a iluminação, eles podem ajudar-nos a abrir-nos para a compreensão da nossa iluminação inerente ou para a aceitação da livre oferta de salvação feita por Deus. Nossos esforços também desempenham um papel importante em nossa manifestação mais plena dessa libertação no mundo. Podemos compreender mais plenamente nossa iluminação através da compaixão a todos os seres. Podemos manifestar mais plenamente nossa salvação através do amor a Deus e ao próximo. Mais e mais, podemos viver com o amor e a compaixão que são frutos da libertação.

Diferenças Aparentes

A seguir, algumas supostas diferenças entre ensinamentos zen e ensinamentos cristãos que eu, particularmente, não considero como sendo diferenças.

"Justificação pelas obras"

Quando falo para platéias cristãs sobre Zen como prática e como caminho para a libertação, algumas pessoas ficam desconfiadas, pensando que o Zen se assemelha a um equivalente budista do que os cristãos chamam de "justificação pelas obras". Isto é, eles desconfiam que os praticantes do Zen trabalham para alcançar a libertação em vez de confiar na graça, como fazem os cristãos.

Mas isso é uma interpretação incorreta do Zen. Como acabamos de ver, a prática zen, como a prática cristã, não consiste em alcançar, conseguir ou trabalhar para obter a libertação. No Cristianismo, não trabalhamos para alcançar a salvação. Antes, simplesmente aceitamos a salvação que o nosso Deus amoroso e misericordioso sempre nos oferece livremente através de Cristo. No Zen, não trabalhamos para alcançar a iluminação. Antes, simplesmente tomamos consciência de que a iluminação que estivemos buscando esteve exatamente aqui o tempo todo. Nem a aceitação da graça de Deus nem a compreensão da nossa iluminação é uma "obra", embora usemos verbos para defini-las e apesar de algumas vezes poder parecer muito difícil — como um trabalho árduo — finalmente chegar ao ponto de aceitar a graça de Deus ou de compreender a nossa iluminação. Os cristãos que estudam o Zen não precisam se preocupar com a possibilidade de o Zen ser um equivalente budista da "justificação pelas obras".

Casualmente, uma confusão semelhante ocorre no Cristianismo. Do mesmo modo que alguns cristãos confundem o Zen com "justificação pelas obras", alguns cristãos confundem o Cristianismo católico com "justificação pelas obras". Algumas pessoas acham que enquanto a tradição protestante ensina a salvação através da graça, a tradição católica ensina a salvação pelas obras. Isso não é verdade. A tradição católica também prega a salvação pela graça. Em 1999, a Igreja Católica Romana e a Federação Luterana Mundial assinaram uma "Declaração Conjunta sobre a Doutrina da Justificação", precisamente a respeito desse assunto. Na declaração, as duas tradições professam que "pela graça apenas, com fé na ação salvadora de Cristo, e não por qualquer mérito de nossa parte, somos aceitos por Deus e recebemos o Espírito Santo, que renova os nossos corações ao mesmo tempo que nos guarnece e nos chama para as boas obras". Pela graça somente somos aceitos por Deus. E o Espírito Santo nos convoca para as boas obras, que não são a causa da justificação, mas seus frutos: "Declaramos em conjunto que as boas obras — uma vida cristã vivida na fé, na esperança e no amor — seguem à justificação e são seus frutos."[45] Existem algumas diferenças importantes no entendimento da justificação pela Igreja Católica e pelas várias denominações protestantes, e também entre denominações protestantes; mas neste ponto fundamental de que a justificação se dá através da graça, todas são concordes.

Otimismo e Pessimismo

Alguns anos atrás, uma amiga me perguntou como eu concilio a doutrina cristã da corrupção humana e do estado decaído do mundo com a convicção zen de que todos somos budas.[46] Isso nunca havia me ocorrido antes como um problema, mas por que não? Certamente *parece* um problema. Como concilio um estado de queda inerente com um estado búdico inerente?

Bem, eu não faço essa conciliação. Não faz sentido comparar Zen com Cristianismo examinando estado de queda inerente em contraposição a estado búdico inerente. Contrapor desse modo é comparar o aspecto "grande confusão" do Cristianismo com o aspecto "está tudo bem" do Zen. A queda inerente é a má notícia do Cristianismo, o estado búdico inerente é a boa-nova do Zen. Tanto o Zen como o Cristianismo têm más notícias e boas-novas. As duas tradições dizem que as coisas são uma grande confusão e ambas dizem que de qualquer modo está bem assim. Comparar as más notícias de uma com as boas-novas da outra nos leva a enxergar supostas diferenças que, na verdade, são aparentes.

Com muita freqüência, ouço esse mal-entendido de ocidentais decepcionados com o Cristianismo. Eles dizem que o Budismo é muito mais otimista e positivo com relação à vida do que o Cristianismo, porque ele fala do nosso estado búdico inerente enquanto o Cristianismo fala do nosso estado pecador inerente. Mas isso não é justo. *Sem dúvida* o Budismo parece mais otimista se compararmos as boas-novas do Budismo com as más notícias do Cristianismo.

Quando os ocidentais tiveram seu primeiro contato com o Budismo, a tendência foi cometer o erro oposto. Eles viam o Budismo como pessimista devido à sua primeira premissa, a Primeira Nobre Verdade do sofrimento, em contraste com as Boas-Novas do Cristianismo. Mas, novamente, esse contraste não é justo. *Sem dúvida* que o Budismo parece mais pessimista se compararmos suas más notícias com as boas-novas do Cristianismo.

Estávamos debatendo as boas-novas e as más notícias do Zen e do Cristianismo numa sessão para pais com filhos pequenos que eu coordenei numa escola dominical metodista. Um dos pais comentou que os pais cristãos precisam realmente ensinar a seus filhos as boas-novas da graça de Deus e não apenas as más notícias da condição pecadora dos homens, para que seus filhos não cresçam e concluam que precisam abandonar o Cristianismo para encontrar alguma boa-nova. Concordo. Não conseguir encontrar boas-novas no Cristianismo seria uma triste razão para abandonar a Igreja e um triste depoimento sobre a educação religiosa recebida. Eu acrescentaria, inversamente, que se as crianças não ouvirem o que sua religião diz sobre as más notícias da vida, então, quando inevitavelmente as descobrirem por si mesmas, poderão concluir que terão de buscar em outro lugar uma cosmovisão religiosa ou não-religiosa que reconheça a confusão que é a vida humana. O Cristianismo seria incompleto se não tivesse más notícias e boas-novas; e o Zen também seria incompleto sem as más notícias e as boas-novas.

Diferenças Reais

Existem naturalmente muitas diferenças reais e significativas entre os ensinamentos zen e os ensinamentos cristãos.

Embora não seja justo comparar as boas-novas de uma tradição com as más notícias da outra, *é* justo comparar as boas-novas do Zen com as boas-novas do Cristianismo, e as más notícias do Zen com as más notícias do Cristianismo. Mesmo que ambas as tradições digam "As coisas são uma grande confusão, mas mesmo assim está tudo bem", elas têm ensinamentos diferentes sobre o que é a grande confusão e por que, assim mesmo, está tudo bem.

No Zen, a grande confusão é o sofrimento, enraizado na ilusão do "eu". No cristianismo, a grande confusão é o pecado: nossa alienação de Deus e as violações resultantes da ordem estabelecida por Deus. Assim, no Zen, o problema fundamental é uma percepção defeituosa, enquanto no Cristianismo é um relacionamento defeituoso.

No Zen, "mesmo assim está tudo bem" porque podemos despertar para a nossa liberdade e não-eu intrínsecos. No Cristianismo, "mesmo assim está tudo bem" porque a salvação é oferecida através da fé em Jesus Cristo. Não há um Deus ou messias envolvido na realização zen, como há na salvação cristã. Novamente, a relação com o divino é essencial no Cristianismo.

Há também uma diferença significativa entre o papel de Buda no Zen e o papel de Cristo no Cristianismo. Na tradição zen, Buda não é entendido como uma espécie de deus, messias, salvador ou ser sobrenatural, mas simplesmente como um ser humano, um grande mestre e um exemplo; alguém que encontrou um caminho de libertação do sofrimento e ensinou esse caminho a outros. Enquanto Buda e Cristo são semelhantes em alguns aspectos importantes — e atualmente podem-se encontrar muitos livros comparando-os, como também comparando seus ensinamentos — em pelo menos esse aspecto crucial eles não se assemelham. Eles desempenham papéis diferentes na libertação dos seus seguidores. Buda *mostra* o caminho, ao passo que (na maioria das formas de Cristianismo) Jesus Cristo *é* o caminho. Naturalmente, a vida de Jesus também é um exemplo a ser seguido pelos cristãos, mas é a fé em Cristo que é redentora. Não existe uma "fé em Buda" semelhante no Zen. No Cristianismo, somos salvos através de Cristo, enquanto no Zen somos despertos não através de Buda, mas seguindo os seus ensinamentos e o seu exemplo. Jesus é necessário para a salvação; Buda não é necessário para a iluminação. Os praticantes do Zen são gratos a Buda por seus ensinamentos, mas outra pessoa poderia ter descoberto e ensinado as mesmas coisas que ele descobriu e ensinou. Se arqueólogos descobrirem amanhã evidências de que Buda nunca existiu, isso teria pouco ou nenhum efeito sobre os praticantes do Zen ou sobre a prática zen.

O papel de Buda se assemelha mais ao de um santo cristão do que ao de Cristo. Buda, como um santo, é um exemplo a ser seguido. Podemos ser budas realizados, e podemos ser santos. Podemos também ser como Jesus em alguns aspectos, mas num ponto fundamental e de suma importância jamais poderemos ser como Jesus: não podemos ser Deus. Jesus Cristo é plenamente homem e plenamente Deus; o restante da humanidade é apenas plenamente humano.

Em alguns aspectos, o Zen e o Cristianismo não são tão diferentes como são incomensuráveis.[47] Quer dizer, em alguns aspectos, o Zen e o Cristianismo não podem ser comparados porque nem sequer falam sobre as mesmas coisas, de modo que compará-los seria como comparar tênis e matemática, como disse Thomas Merton. Por exemplo, não se pode comparar o que o Zen e o Cristianismo dizem sobre Deus, porque o Zen não diz nada sobre um Deus ou deuses. Do mesmo modo, o Zen não faz afirmações sobre a natureza da realidade que vão além do que pode ser experienciado. Não há revelação divina no Zen, como há no Cristianismo. O Zen não tem nada a dizer sobre a origem do mundo ou sobre o que acontece após a morte; assim, não podemos comparar a visão zen e a visão cristã sobre esses assuntos. (Embora a tradição budista fale em reencarnação, pouco ou nada ouvi de professores de Zen ou li em livros de Zen sobre o que acontece após a morte.)

No diálogo entre Zen e Cristianismo, as diferenças entre os dois às vezes são minimizadas ou ignoradas — em geral, penso eu, numa tentativa bem-intencionada de promover a harmonia e o respeito entre os seguidores das duas tradições — mas não creio que essas atitudes sejam necessárias ou produtivas. As diferenças entre o Zen e o Cristianismo são significativas e interessantes, e na minha opinião não precisam levar a animosidades entre praticantes zen e cristãos, e não constituem impedimento para que cristãos pratiquem o Zen.

O Zen e o Cristianismo também pisam em terreno comum, especialmente, como vimos, na compreensão que têm da experiência vivida pelo ser humano. O teólogo cristão David Tracy observa que, embora os caminhos zen e cristão não sejam obviamente os mesmos, "também não somos dois, de nenhum modo fácil, apenas outro na relação de um com o outro".[48] Emprestando do Budismo o conceito de não-dualidade, Tracy sugere que talvez "não sejamos nem o mesmo nem o outro, mas não-dois. Somente um diálogo mais profundo dirá".

Boas-vindas ao diálogo!

Prática

Zazen: Seguindo a Respiração

Muitos centros e mosteiros zen ensinam aos principiantes a prática da contagem da respiração. Depois de algum tempo, o estudante pode passar para a prática de contar apenas as exalações em vez de contar as inalações e as exalações. E então, quando a contagem fica mais fácil, ele pode avançar para a prática de seguir a respiração, que é como contar a respiração mas sem realizar a contagem.

Seguindo a respiração, você simplesmente sente as sensações físicas da respiração, e quando percebe que a atenção se dispersou, observa o pensamento e reconduz a atenção para a respiração. As instruções referentes à postura são as mesmas indicadas para a contagem da respiração.

Passar da contagem para o acompanhamento da respiração é como retirar as rodinhas do seu treinamento. A contagem é um suporte que lhe facilita ficar com a respiração e perceber quando a mente divaga. Seguindo a respiração, você fica um pouco mais por sua própria conta.

Observe que a respiração não é algo que você tem de *fazer*. No zazen, apenas deixe a respiração acontecer e observe-a.

Do mesmo modo, ficar atento ao momento presente não é algo que você precise *fazer*. Consciência clara é o ambiente dos nossos pensamentos errantes. Quando, em vez de prender ou de expulsar os pensamentos, simplesmente os observamos e os deixamos ir, a consciência clara se revela.

O Essencial da Respiração

- Assuma uma posição sentada que lhe permita ficar com a coluna ereta, manter-se estável e completamente imóvel.

- Fique com os olhos abertos, o olhar inclinado num ângulo de 45 graus, ligeiramente desfocado, pálpebras caídas.
- Respire uma ou duas vezes, lenta e profundamente. Depois, continue a respirar normalmente.
- Coloque a atenção no *hara* (cerca de 5 cm abaixo do umbigo).
- Fique atento à respiração — às sensações físicas de cada respiração.
- Ao perceber que a atenção se desviou da respiração, observe o pensamento e reconduza suavemente a atenção para a respiração.

Observe o pensamento,
volte à respiração,
observe o pensamento,
volte à respiração,
observe o pensamento,
volte à respiração...

Pensamentos Agitados e Neve Agitada

Quando dirijo, em geral entretenho-me com meus pensamentos e talvez converse com Brian ou ligue o rádio. Mas às vezes o cérebro precisa de um descanso, e então observo os pensamentos e volto a atenção para o ato de dirigir, observo os pensamentos e volto a atenção para o ato de dirigir, e assim por diante.

Eu estava fazendo isso certa vez, quando Brian e eu fazíamos a longa viagem de volta para casa em Atlanta, depois de uma visita à mãe dele em Tampa, e eu imaginava um globo de neve — você sabe, um daqueles globos transparentes com água e um pequeno cenário dentro dele. Agita-se o globo para remexer a "neve", e então se põe o globo sobre a mesa e fica-se observando a neve cair sobre o cenário.

Em nossa vida cotidiana, os nossos pensamentos estão quase sempre agitados. Na prática do Zen, assentamos repetidamente a mente para que os pensamentos se acomodem, voltando a atenção para a respiração. Observamos os pensamentos agitados e assentamos a mente, observamos os pensamentos agitados e assentamos a mente, e assim por diante.

A neve se depositará se simplesmente assentarmos o globo e o deixarmos parado. Sacudir o globo de neve de uma certa maneira numa tentativa de fazer a neve assentar mais rapidamente apenas a agita ainda mais. O mesmo acontece com os pensamentos. Todas as tentativas de controlar os pensamentos — de forçá-los a se assentar — apenas os agita mais. Os pensamentos se assentarão por si mesmos se simplesmente assentarmos a mente, levando a atenção de volta à respiração.

Depois de brincar algum tempo com a imagem do globo de neve — que é apenas uma variação de uma imagem comum no Zen, da lama separando-se da água e sedimentando-se apenas deixando a água imóvel — resolvi que queria um globo de neve para usar nas aulas de Zen. Em outra volta de Tampa, Brian encontrou um numa loja de presentes anexa a um restaurante à beira da interestadual. Ele tem a figura de palmeiras ao longo de uma praia da Flórida e cintilações multicoloridas em vez de "neve" branca. O melhor de tudo é que se pode retirar a figura e substituí-la por outra do gosto de cada um. Encontrei na Internet uma bela representação do rosto carrancudo e de olhos esbugalhados de Bodidarma, o "primeiro patriarca" do Zen na China; eu a imprimi, recortei no tamanho adequado e coloquei dentro do globo de neve.

Os pensamentos cintilantes giram em torno da cabeça de Bodidarma e em seguida se assentam. Quando pensamentos me assaltam, é como se toda a minha energia se concentrasse na cabeça; então, ao observar os pensamentos e voltar para a respiração, deixo que a energia e a atenção retornem para o hara. Também, ao ser envolvida por pensamentos, às vezes sinto como se houvesse uma nuvem de coisas flutuando em torno da minha cabeça, impedindo-me de ver com clareza o que está acontecendo exatamente aqui e agora ao lado do meu tagarelar mental. Assim, voltar à respiração é como deixar os pensamentos se assentarem para que deixem de obscurecer a minha visão.

Observe que a neve que se agita é parte intrínseca do globo de neve. Você não terá um globo melhor congelando-o para que a neve não se agite ou retirando a neve. Assim também, pensamentos agitados são parte intrínseca da prática zen. Apenas observamos os pensamentos, como observamos a neve:

Observe a neve agitada,
  assente o globo,
    observe a neve agitada,
      assente o globo,
        observe a neve agitada,
          assente o globo,...

4

Iluminação:
Já e Ainda Não

Já Somos Budas

Se a prática zen se parece a um projeto, um item a mais na sua já longa e trabalhosa lista de tarefas a executar, é possível que você não esteja entendendo bem em que ela consiste. É fácil pensar que o Zen é mais uma coisa que precisamos fazer para chegar aonde queremos, outro projeto a colocar em cima da nossa já precária pilha de projetos. É assim que muitas vezes vejo a minha própria prática. Tendemos a pensar que a nossa vida nova e aperfeiçoada está em algum momento do futuro e que o Zen nos ajudará a criar essa vida. Mas o Zen não é outro projeto. Não é nem mesmo um projeto para nos livrar dos nossos projetos.

Zen é um não-projeto. Zen não consiste no esforço de chegar a algum lugar, mas em estar exatamente aqui. Zen não significa ser outra pessoa — alguém mais sereno e sábio, mais feliz e centrado —, mas sermos nós mesmos, exatamente como somos nesse preciso momento. Zen não é fixar-nos o objetivo de ser um buda, mas tomar consciência do nosso estado búdico intrínseco. Essa é a boa-nova do Zen. Nós já *somos* budas. Tudo está bem *neste exato momento*.

Alguns anos atrás, enfrentei um período de grandes dificuldades com a minha prática zen e também com a oração. A situação estava me deixando profundamente angustiada. Pensei: "Ora, eu poderia me sentir melhor se simplesmente desistisse de toda essa coisa de prática espiritual, pelo menos por algum tempo, e apenas vivesse a minha vida como ela é." Eu não sabia como superar a crise. Cada tradição espiritual parece ter sua forma especial de culpa, e eu fico atormentada com a culpa zen se não faço zazen regularmente. Mas eu achava que talvez pudesse acabar com isso e apenas viver a vida normalmente.

E então tive um estalo: Ops, espera aí! Zen é exatamente isso — é estar presente na nossa vida real, ver a liberdade e a alegria que estão exatamente aqui, na nossa vida como ela é. Não precisamos mudar nada para ser livres. Não precisamos esperar até avançar mais numa "jornada" espiritual. A liberdade que buscamos está aqui, onde quer que estejamos. No zazen, descansamos nessa liberdade. Expressamos essa liberdade. Manifestamos a nossa natureza búdica inerente.

Isso não significa que não devamos fazer a tentativa de mudar a nós mesmos, a nossa situação ou o mundo. O desejo de mudança pode estar enraizado na compaixão sincera pelos outros, por nós mesmos, por todas as coisas. Quando abrimos a nossa consciência para as coisas como elas são, a resposta sábia e compassiva pode ser a de tentar mudar a situação. O problema, como afirma a Segunda Nobre Verdade, é quando o desejo de mudar não é apenas um desejo mas uma ânsia, quando o nosso desejo de mudança se centra no "eu", quando é possessivo e agressivo. O desejo ansioso causa o sofrimento, para nós mesmos e para os outros.

Mas isso parece um pouco inquietante. O nosso desejo de mudança *é* normalmente possessivo e agressivo. A nossa prática zen *é* em geral motivada por desejos alimentados pelo ego. Tudo bem; é assim mesmo. É claro que tudo em nós converge para o ego. Isso é inevitável e normal, e é com isso que praticamos. Nossos apegos e aversões, nossa possessividade e agressividade, a qualidade egocêntrica do nosso desejo de mudança — tudo isso é material para a prática. Observamos a possessividade do nosso desejo de mudança e dirigimos a atenção para o momento presente. Observamos a agressividade do nosso desejo de mudança e voltamos a atenção para o momento presente. Observamos como estamos transformando o Zen em outro projeto de auto-aperfeiçoamento e reconduzimos a atenção para o momento presente.

No Zen, abrimos a nossa consciência compassiva para as coisas como exatamente são, inclusive para nós mesmos exatamente como somos, com todos os nossos projetos centrados no ego. Zen não é mudar a nós mesmos. Não é nem mesmo mudar o nosso desejo de mudar a nós mesmos. Não podemos transformar-nos em budas, nem mesmo livrando-nos do desejo de nos transformar em budas. Nós já somos budas. Nada em nós precisa ser diferente.

Antes de entrar no Zen, Issan Dorsey usava todos os tipos de drogas, era preso freqüentemente e atuava em espetáculos de transformismo em North Beach, San Francisco, sendo anunciado como: "Tommy Dee, o rapaz que parece a garota da porta ao lado." Certa vez, numa sessão de perguntas e respostas no Centro Zen onde Issan era abade, um estudante lhe disse: 'Estou estudando há seis meses e não percebo nenhuma diferença no meu comportamento ou nos meus pensamentos. Você já faz zazen há vinte anos; notou alguma diferença em si mesmo?' Depois de alguns minutos de hesitação e de expressões faciais de embaraço, Issan respondeu: 'Bem, não uso mais sapatos de salto alto.'"[49]

Embora a prática zen possa mudar nosso comportamento ou modo de pensar, não é com isso fundamentalmente que ela se ocupa. A prática zen é uma expressão do nosso estado búdico inerente. Não precisamos nos tornar budas. Já somos budas.

Ainda Não Despertamos

Ao mesmo tempo que o Zen diz que já somos budas, ele também afirma que ainda não despertamos. Isso não é novidade para nós, naturalmente. É imediatamente evidente que não estamos despertos. Podemos ser budas, mas sem dúvida não nos sentimos como budas e também não agimos como budas. A Terceira Nobre Verdade diz que podemos libertar-nos do sofrimento, mas ainda não nos libertamos. Sofremos e causamos sofrimento aos outros. Essa é a má notícia do Zen. Nossa vida é permeada de sofrimento. Ainda não despertamos. E despertar não é fácil. Abandonar os apegos, as aversões e a ignorância que dão origem ao sofrimento exige prática e determinação.

Podemos começar a prática zen por pura curiosidade, mas provavelmente esperando que o Zen mude a nossa vida de algum modo. Talvez queiramos baixar a pressão sangüínea ou melhorar a concentração. Talvez tenhamos nos defrontado com a dor e a impermanência de um modo que nos deixou assustados e confusos, e estejamos tentando dar sentido a tudo isso. Talvez tenhamos saboreado por um instante a sensação do não-eu e da nossa liberdade intrínseca, mas ela se desvaneceu numa lembrança angustiante, e quem sabe queiramos recuperá-la. Ou talvez tenhamos uma sensação vaga de que a vida implica mais do que isso. Qualquer que seja o caso, queremos que alguma coisa mude. Queremos que a nossa vida seja diferente. Queremos que a nossa vida seja melhor. E sentimos que a prática espiritual é o segredo.

No mosteiro onde morei, todas as noites, depois do último zazen, quando todos ainda estão sentados em silêncio no salão de meditação quase escuro, o cronometrista recita:

*Lembro-lhe respeitosamente
que a vida e a morte são de suma importância.
O tempo passa veloz e a oportunidade se perde.
Cada um de nós deve esforçar-se para despertar.
Desperte. Fique atento.
Não desperdice a vida.*[50]

O mestre zen Dogen disse que você deve praticar meditação como se o seu cabelo estivesse queimando.[51] Se o seu cabelo está queimando, o que você faz? Você apaga o fogo! Você não adia. Não dedica parte da atenção ao fogo enquanto cuida de outras coisas. Você não espera para tomar uma providência até que alguém apareça para ajudá-lo. Se o seu cabelo está queimando, você põe cada mínima fração da sua atenção e energia na ação de extingui-lo imediata e totalmente. A prática do Zen exige essa mesma intensidade urgente e unidirecionada.

Bodidarma e Hui-k'o são exemplos da intensidade e da determinação necessárias no Zen.[52] Bodidarma, uma figura semi-histórica e semi-lendária, é conhecido como o primeiro patriarca do Zen na China. O Budismo já entrara na China quando o mestre budista Bodidarma ali chegou, vindo da Índia, no século VI, mas atribui-se a ele a introdução na China de uma forma de Budismo voltado para a meditação e a realização direta — uma forma de Budismo que ao entrar em contato com o Taoísmo chinês nativo se transformaria em Zen-Budismo (denominado Ch'an em chinês). Supõe-se que Bodidarma tenha passado nove anos num mosteiro Shao-lin no norte da China praticando zazen virado para uma parede. Ele é sempre representado com um grande nariz, barba cerrada — nada que lembre um chinês — e olhos enormes. Ouvi duas explicações para esses olhos. A primeira, que seus olhos de indiano pareciam anormalmente grandes para os chineses. A outra, que Bodidarma ficou tão irritado certa vez por ter adormecido durante o zazen que cortou as pálpebras. No lugar onde caíram, elas cresceram e se tornaram a primeira planta de chá; desde então, o chá mantém os meditadores acordados e fortalecidos.

O monge budista Hui-k'o viajou para o mosteiro Shao-lin para ser discípulo de Bodidarma. Hui-k'o ficou vários dias e noites exposto à neve fora da caverna do mestre, pedindo insistentemente para ser ensinado por ele, mas Bodidarma o ignorava e continuava voltado para a parede. Finalmente, para provar sua firmeza de propósito, Hui-k'o cortou seu braço esquerdo e o entregou a Bodidarma, que então o aceitou como aluno. Depois de seis anos de intenso treinamento em meditação com Bodidarma, este o designou como seu sucessor, o segundo patriarca do Zen na China.

Naturalmente, as histórias sobre Bodidarma e Hui-k'o podem muito bem ser exageradas — um historiador diz que o braço de Hui-k'o provavelmente foi cortado por bandidos — mas o sentido das histórias está claro.[53] Precisamos praticar como alguém cujo cabelo está queimando, como alguém que faria zazen olhando para uma parede durante nove anos e que cortaria as pálpebras para manter-se acordado, como alguém que cortaria um braço para receber os ensinamentos. Ainda não estamos despertos e devemos nos esforçar com todo o nosso ser para despertar.

Já e Ainda Não

Mas parece haver uma grande contradição aqui.

O Zen diz que já somos budas — já somos "seres despertos" — e também diz que ainda não despertamos — que não somos budas. O Zen diz que o esforço não nos levará a lugar nenhum, e também diz que devemos nos esforçar para despertar. O Zen diz que não podemos trabalhar para chegar à libertação, e todavia a prática zen sem dúvida é um trabalho árduo. O Zen diz que não precisamos mudar nada, e no entanto estamos sofrendo e podemos nos libertar do sofrimento, e não seria uma mudança extraordinária libertar-nos do sofrimento? O Zen diz que a iluminação não pode ser alcançada, e todavia nos incita à iluminação.

E então? Somos ou não somos budas? O esforço é inútil ou é essencial? A prática do Zen nos transforma ou não? Somos intrinsecamente iluminados ou precisamos nos iluminar? Já chegamos lá ou ainda não? Qual a alternativa válida?

A resposta é *uma coisa e outra*. Já somos budas e ainda não somos budas. Somos intrinsecamente iluminados e precisamos esforçar-nos para alcançar a iluminação.

Isso faz sentido lógico? Não.

Ou a resposta é *nem uma coisa nem outra*. O professor de Zen Hakuun Yasutani diz que, quando uma pessoa que é intrinsecamente um buda alcança a iluminação e se torna um buda, é "como uma espécie de duende que põe uma cabeça em cima de outra".[54] Mas os que dizem que a iluminação é desnecessária são "como loucos que cortam a cabeça e depois procuram a língua". Ele resume: "Se você é iluminado, de nada adianta; se você não é iluminado, é ainda pior." Você não pode dizer que já é um buda e não pode dizer que ainda não é um buda.

Isso faz sentido lógico? Não.

Na tentativa de dar sentido a tudo isso, podemos supor que a resposta seja realmente uma combinação de *já* e *ainda não* — que, num sentido da palavra *iluminado*, já somos iluminados, e que em outro sentido ainda não somos iluminados. Ou podemos imaginar que a resposta está realmente em algum ponto entre *já* e *ainda não* — que precisamos encontrar um "caminho do meio" entre não se esforçar absolutamente e esforçar-se excessivamente. Essas respostas são satisfatoriamente racionais. Mas Zen não é dizer coisas racionais. A resposta zen é não-racional.

Quando diz alguma coisa, o Zen freqüentemente diz uma coisa e ao mesmo tempo o contrário dela. Ou então nega uma coisa e o seu oposto ao mesmo tempo. Essa linguagem paradoxal aponta para uma verdade além da linguagem, além da lógica, além da compreensão puramente intelectual.[55]

Somos tanto já iluminados como ainda não iluminados. Ou não somos nem já iluminados nem ainda não-iluminados. Ou ambas as coisas. Ou nenhuma.

Pessoalmente, não gosto muito dessa retórica paradoxal. Acho que ela é usada em excesso no Zen, quando algumas idéias poderiam perfeitamente bem ser expressas de modo mais direto e também mais proveitoso para os que buscam a libertação. Penso que a linguagem paradoxal é às vezes usada para evitar a abordagem de questões difíceis, ou então uma reflexão lúcida sobre as coisas. Mas acho também que há um lugar importante no Zen para a linguagem paradoxal.

Mente Zen, Mente de Principiante, do mestre zen Shunryu Suzuki, é um clássico do Zen americano e está repleto de paradoxos. Suzuki diz, por exemplo: "Para nós, a perfeição completa não é diferente da imperfeição. O eterno existe por causa da existência não-eterna."[56] Durante muitos anos, mesmo enquanto morava no mosteiro, eu desconfiava que grande parte do entusiasmo por esse livro era um fenômeno do tipo "roupa nova do imperador". Isto é, algumas pessoas respeitáveis diziam que ele era maravilhoso, e então todos diziam que era maravilhoso. Eu imaginava que a sua aura de profundidade devia-se em grande parte à conformidade de Suzuki à imagem que temos de gurus que vivem nas montanhas — suas frases curtas, vocabulário inglês limitado e a linguagem paradoxal que parece profunda, mesmo que ninguém faça a mínima idéia do que ela quer dizer. Mais recentemente, comecei a pensar que o imperador realmente tem roupas e que o paradoxo é a melhor forma de linguagem para expressar algumas verdades fundamentais da existência humana, como a verdade de que já somos iluminados e ainda não somos iluminados.

Expressões de Já e Ainda Não

O paradoxo é uma das formas que o Zen utiliza para se referir a verdades que estão além da compreensão lógica. Mas ele recorre também a imagens, histórias, poesia, ações, silêncio — qualquer coisa que dê resultado. Apresento a seguir algumas expressões de "já e ainda não".

Yasutani Roshi diz que buscar a iluminação é como andar por aí montado no seu boi à procura do seu boi:

"Aonde você vai montado no seu boi?"

"Ah, sim, vou procurar o meu boi."

"Se é o seu o boi que está procurando, você não está montado nele?"

"Ah! É verdade!"[57]

Perceber que você já está montado no seu boi é iluminação. "É o tipo da coisa boba", comenta Yasutani, "mas não existe uma única pessoa não-iluminada que saiba que os seres sencientes são originariamente budas." O próprio Buda, até se tornar iluminado, ainda não havia compreendido que todos os seres já são budas. O próprio Buda teve de despertar para a sua natureza búdica.

Uma versão mais conhecida da história do boi é aquela de procurar os óculos por toda a casa estando com eles no rosto:
"O que você está procurando?"
"Meus óculos."
"Seus óculos estão no rosto."
"É mesmo!!!"
Tomar consciência de que você já está com os óculos é iluminação. Nada mudou — os óculos já estavam no seu rosto — mas alguma coisa importante mudou. Agora você *sabe* que os óculos estão ali. Agora você pode se sentar na sua poltrona confortável e ler o seu livro. Sim, você poderia ter sentado na poltrona confortável para ler o livro antes, mas você não sabia disso. Você já tinha o que precisava, mas ainda não havia percebido que já tinha o que precisava.

O mestre zen japonês, Hakuin, diz o seguinte sobre a libertação do sofrimento:

O papão no lado de fora empurra a porta,
O papão no lado de dentro a segura com força.
Suando da cabeça aos pés
Lutando, incansáveis, por suas vidas,
Eles continuam durante toda a noite
Até que finalmente, quando a aurora surge,
O riso deles enche a luz do amanhecer —
Eles eram amigos desde o começo.[58]

Já somos amigos do papão no outro lado da porta, mas ainda não percebemos isso. Não é preciso defender-nos do papão, vencê-lo, espantá-lo, negociar ou fazer as pazes com ele. Precisamos apenas reconhecer o papão como um velho amigo. Então podemos dar boas risadas juntos, relaxar e festejar.

Essas imagens "já e ainda não" podem realmente fazer um pequeno grande sentido. Por algum tempo, pensei ter resolvido o enigma do "já e ainda não". Eu achava que a linguagem paradoxal era apenas afetação poética. Eu pensava que seria possível, realmente, dar um sentido lógico aos aparentemente contraditórios ensinamentos zen sobre iluminação.

Foi assim que raciocinei: Tudo na minha vida está bem exatamente como está, *exceto* que eu ainda não tomei consciência disso. Essa é a única coisa na minha vida que precisa mudar. É tão-somente por isso que preciso me esforçar: essa tomada de consciência. Para me libertar do sofrimento, obviamente não preciso ficar rica, famosa ou poderosa. Não preciso me tornar mais esperta ou mais atraente. Nem mesmo preciso ficar menos depressiva, ou mais centrada ou sábia. Tudo o que preciso é uma experiência de iluminação. Tudo o que preciso é a consciência de que tudo em minha vida está bem exatamente como está.

Felizmente, eu estava errada. Se fosse isso que o Zen dissesse, não seria uma boa-nova tão auspiciosa. Mas o Zen tem realmente algumas boas-novas. Tudo na minha vida já está bem exatamente como está, *inclusive* o fato de eu ainda não ter percebido isso. Eu ainda não despertei, *e* já sou um buda. A retórica paradoxal aqui não é afetação. A tradição zen está apontando para a verdade da melhor maneira possível usando a limitada ferramenta da linguagem. Nós já somos budas, e ainda não despertamos.

Já e Ainda Não na Prática

São três as exigências para a prática do Zen: grande fé, grande dúvida e grande determinação.

Grande fé é acreditar que as coisas realmente estão bem de algum modo fundamental, acreditar que todos somos budas. Grande fé é acreditar que Buda e todos os outros mestres iluminados do passado não estavam mentindo nem estavam enganados, mas mostravam a verdade quando ensinavam seu caminho de libertação. A grande fé conhece o "já" do Zen: que já somos budas.

Grande dúvida é a suspeita lancinante de que as coisas poderiam eventualmente estar bem exatamente como estão. É a dúvida, por vezes próxima do desespero, de que esta vida de sofrimento e impermanência poderia eventualmente ser uma vida livre de sofrimento e cheia de alegria. A grande dúvida sabe intimamente que as coisas são uma grande confusão, que o mundo está cheio de sofrimento e que a nossa própria vida está cercada de dor. A grande dúvida conhece o "ainda não" do Zen: que ainda não estamos despertos. A grande dúvida chega até a duvidar do "ainda" em "ainda não". Quer dizer, a grande dúvida desconfia que a libertação nem seja possível num mundo tão confuso.

E grande determinação é o propósito decidido de despertar, de realizar a nossa natureza búdica, de libertar-nos do sofrimento e de libertar outros seres do sofrimento, de praticar como se os nossos cabelos estivessem queimando.

Precisamos dos três requisitos. Grande fé, grande dúvida e grande determinação constituem as pernas do tripé sobre o qual se sustenta a prática do Zen. A nossa prática desabará se uma dessas pernas faltar. Se temos fé mas não dúvida, podemos ser complacentes. Se tudo está perfeitamente bem, por que praticar? Se temos dúvida, mas não fé, podemos ser arrastados ao desespero. Se tudo é uma confusão irremediável, por que praticar? A tensão dinâmica entre fé e dúvida — entre o "já" e o "ainda não" — oferece-nos uma razão para praticar. Com isso, o que precisamos então é determinação para praticar.

Já e Ainda Não no Cristianismo

Tomei emprestada a linguagem do "já" e do "ainda não" da teologia cristã. Para a Igreja primitiva, o reino de Deus *ainda não* havia chegado. Os cristãos esperavam o retorno iminente de Cristo para julgar os vivos e os mortos e para inaugurar o reino de Deus na terra. Alguns teólogos cristãos do século XX entenderam que o Reino de Deus *já* está aqui, tendo se revelado ou concretizando-se na vida, morte e ressurreição de Jesus. Outros teólogos cristãos contemporâneos têm reafirmado a natureza futura do reino de Deus. E outros têm proposto combinações de "já" e de "ainda não": num sentido, o reino de Deus já está aqui; em outro, ainda não está aqui.

Até onde sei, nenhum teólogo cristão simplesmente afirmou ambos, o "já" e o "ainda não", com a não-racionalidade irredutível que encontramos no Zen. Isto é, nenhum tentou dizer que o reino de Deus tanto já está totalmente aqui como também ainda não está aqui absolutamente. Talvez essa estratégia merecesse uma tentativa, e eu não acho que ela seja tão radical quanto poderia parecer. A tradição cristã há muito optou pela linguagem paradoxal para falar sobre Deus e Jesus. Deus é uma Trindade — isto é, Deus é um e três ao mesmo tempo. Isso tem sentido lógico? Não. Jesus Cristo tanto é perfeitamente homem quanto perfeitamente Deus. Isso tem sentido lógico? Não. Está tudo bem que essas doutrinas essenciais da teologia cristã não tenham sentido lógico? Sim, pelo menos na opinião de muitos seguidores do Cristianismo. A tradição cristã adota a ferramenta limitada da linguagem para aludir a verdades que estão além da linguagem.

Compaixão: A Manifestação da Iluminação

Os dois atributos básicos de um ser iluminado são a sabedoria e a compaixão. Até aqui, neste capítulo, estivemos falando sobre a sabedoria — isto é, sobre a realização ou o despertar ou a iluminação. Mas o caminho zen de libertação não consiste apenas em realizar a nossa natureza búdica, mas também em manifestar ou efetivar essa realização no mundo. Não se trata apenas de realizar o nosso não-eu, mas também de viver segundo ele. A jornada no caminho do Zen é uma vida de serviço compassivo no mundo.

O tipo ideal no Zen é o *bodisatva*.[59] Em geral define-se um bodisatva como alguém que busca a iluminação mas renuncia à obtenção da iluminação completa em favor de um esforço compassivo para ajudar todos os seres a se iluminarem. Outro entendimento é que os bodisatvas buscam a sua própria iluminação total porque essa é a melhor forma de alcançarem seu objetivo principal, que é conduzir todos os seres à iluminação. Em ambos os casos, o intento fundamental do bodisatva é a libertação dos outros.

Os Dezesseis Preceitos do Zen descrevem uma vida de sabedoria e compaixão. Os três primeiros preceitos, chamados de Três Refúgios, relacionam-se com os assim chamados Três Tesouros, ou Três Jóias, do Budismo: Buda, o Darma e o Sanga. Buda se refere ao Buda histórico e também, mais amplamente, à nossa natureza búdica intrínseca. O Darma é o corpo de ensinamentos do Budismo. O Sanga é a comunidade de praticantes. Nós nos "refugiamos" em Buda, no Darma e no Sanga. Os três preceitos seguintes são diretivas éticas gerais: resoluções de evitar o mal, de fazer o bem e de libertar todos os seres senscientes. E os dez preceitos restantes são orientações específicas sobre como viver evitando o mal, fazendo o bem e libertando todos os seres senscientes. Tradicionalmente, esses preceitos eram expressos apenas negativamente — especificando como *não* se comportar — mas algumas comunidades zen contemporâneas acrescentaram expressões positivas dos preceitos — especificando o *modo* de se comportar.

Os preceitos do Zen descrevem como uma pessoa iluminada viveria naturalmente, e para os que ainda não são totalmente iluminados — o que provavelmente significa todos nós — eles são uma prescrição de como comportar-nos *como se* fôssemos totalmente iluminados, de como viver de uma maneira que conduza à nossa própria libertação do sofrimento e à libertação das outras pessoas. Para um buda totalmente realizado, ações sábias e compassivas são naturais e espontâneas. Para nós outros, ações sábias e compassivas podem ocorrer naturalmente às vezes, mas em outras, não; por isso a tradição transmitiu algumas orientações que devem ser seguidas para vivermos com sabedoria e compaixão.

Acho interessante que dois preceitos recomendem não falar mal das pessoas. O décimo segundo é não falar dos defeitos alheios e o décimo terceiro é não exaltar a si mesmo e rebaixar os outros. Um ano, durante a Quaresma, tomei a resolução de não falar mal de ninguém. Foi um propósito que me causou muita aflição. Eu freqüentemente me surpreendia batendo a boca quando um julgamento sobre alguém já estava a meio caminho para sair.

Como o zazen, os preceitos são uma prática. Observamos continuamente quando não estamos seguindo um preceito e voltamos a segui-lo. Praticamos a observação não apenas dos nossos desvios flagrantes dos preceitos, mas também dos pequenos e sutis deslizes que nos impedem de viver plenamente os propósitos feitos.

Em *Getting Saved from the Sixties,* Steve Tipton,[60] um sociólogo da religião, afirma que a principal razão por que a juventude dos anos de 1960 aderiu a movimentos religiosos "alternativos" como o Zen foi a tentativa de dar um sentido moral às suas vidas. Eles haviam sido criados numa cultura que aliava uma ética "bíblica", caracterizada pela obediência à autoridade e pelo cumprimento de normas, a uma ética "individual utilitarista", caracterizada pela conveniência e pela análise custo-benefício, e reagiram com a ética "expressiva" contracultural, caracterizada por uma reação intuitiva às situações. Mas nenhum desses sistemas havia correspondido às expectativas que esses jovens tinham, e foi no Zen que encontraram uma síntese satisfatória das éticas cultural e contracultural. A ética do Zen é "expressiva" ao compreender que uma pessoa iluminada reagirá intuitivamente de modo apropriado às situações, mas ela impede que essa "expressividade" degenere em anarquia e egoísmo, prescrevendo uma disciplina espiritual para desenvolver a sensibilidade intuitiva da pessoa e um conjunto de regras a serem usadas como direção para o comportamento, enquanto a pessoa ainda não pode contar com a intuição como guia confiável.

C. S. Lewis sugere uma maneira semelhante de compreender a moralidade cristã.[61] Ele diz que a esfera moral existe para ser transcendida. Para

Os Dezesseis Preceitos

Os Três Refúgios
1. Eu me refugio em Buda.
2. Eu me refugio no Darma.
3. Eu me refugio no Sanga.

As Três Resoluções Gerais
4. Eu tomo a resolução de evitar o mal.
5. Eu tomo a resolução de fazer o bem.
6. Eu tomo a resolução de libertar todos os seres sencientes.

Os Dez Preceitos Cardinais
7. Eu tomo a resolução de não matar,
   mas proteger toda a vida.
8. Eu tomo a resolução de não me apossar do que não me é dado,
   mas respeitar o que pertence aos outros.
9. Eu tomo a resolução de não desvirtuar a sexualidade,
   mas ser cuidadoso e responsável.
10. Eu tomo a resolução de não mentir,
    mas dizer a verdade.
11. Eu tomo a resolução de não levar os outros ao abuso do álcool ou de drogas, nem eu mesmo fazer isso, mas manter a mente lúcida.
12. Eu tomo a resolução de não falar dos defeitos dos outros,
    mas ser compreensivo e solidário.
13. Eu tomo a resolução de não exaltar a mim mesmo e rebaixar os outros,
    mas vencer minhas próprias imperfeições.
14. Eu tomo a resolução de não negar ajuda espiritual ou material,
    mas oferecê-las livremente quando necessário.
15. Eu tomo a resolução de não ser tolerante com a raiva,
    mas praticar a paciência.
16. Eu tomo a resolução de não profanar os Três Tesouros
    (Buda, Darma, Sanga), mas reverenciá-los e defendê-los.

Fonte: Rochester Zen Center, *Ethical Guidelines:* Part 1, "The Buddhist Precepts", disponível on-line em http://www.rzc.org/html/abc/ethical.pdf.

serem usados como diretrizes práticas, diz ele, os dois grandes mandamentos do Cristianismo precisam ser entendidos como nos determinando a agir *como se* amássemos a Deus e ao próximo. Não podemos *amar* por uma ordem, mas podemos agir *como se* amássemos. Podemos agir de maneira amorosa. Mas temos um problema aqui. Por um lado, se agimos apenas *como se* amássemos, não estamos obedecendo ao mandamento e, por outro lado, se verdadeiramente amássemos a Deus e ao próximo, não haveria nenhuma necessidade de obedecer a um mandamento. Por isso, diz Lewis, o mandamento de amar a Deus e ao próximo realmente afirma: "Deves nascer de novo." Até não renascermos, agimos como se amássemos — isto é, agimos moralmente. Lewis diz: "Não há moralidade no céu. Os anjos não conheceram (desde dentro) o significado do verbo *dever*, e os mortos bem-aventurados o esqueceram há muito tempo com a maior alegria."

No Zen, propomos-nos a ser bodisatvas. Da perspectiva absoluta, o bodisatva vê que todos os seres já são budas e que a nossa liberdade está exatamente aqui no meio da grande confusão da vida. Isso é sabedoria. Da perspectiva relativa, o bodisatva vê toda dor e sofrimento no mundo e é movido a fazer tudo o que for possível para dissipar essa confusão e ajudar os outros a realizar sua libertação no meio da confusão. Isso é compaixão. Em vez de enclausurar-se no alto da montanha do absoluto, o bodisatva desce ao vale do relativo para libertar todos os seres.

Prática

Praticando com Tudo

Qualquer atividade pode ser aproveitada para praticar o Zen. Ao contar e seguir a respiração, você observa os pensamentos e volta para a respiração. Na meditação andando, você observa os pensamentos e volta ao caminhar. Qualquer coisa pode ser praticada desse modo: observar repetidamente os pensamentos errantes e voltar a atenção para a atividade do momento.

No ambiente de um mosteiro ou retiro zen, tudo *é* praticado desse modo, ou pelo menos o participante é estimulado a praticar dessa forma: as práticas de sentar-se, andar, cantar, comer mingau, cortar a grama, cortar cenouras, atender ao telefone, editar um vídeo, dirigir até o correio, fazer exercícios físicos e mesmo a prática de descansar.

Quanto mais complicada for a atividade e quanto mais reflexão conceitual ela exigir, maior será o desafio de observar pensamentos errantes e reconduzir a atenção para a atividade. Essa é uma das razões por que as tarefas designadas durante o período de trabalho num retiro zen tendem a ser simples, repetitivas, físicas, como limpar o jardim, lavar vidraças, descascar batatas ou envelopar correspondência.

Quase no fim de um retiro de oração contemplativa cristã, os coordenadores do retiro falavam um pouco sobre a passagem do silêncio para a vida cotidiana ordinária. Um dos participantes, professor num seminário batista coreano,[62] disse lentamente, procurando as palavras: "Aqui, estive observando o silêncio. Lá fora, vou observar o barulho." Os praticantes zen voltam regularmente ao silêncio do zazen. Então, a consciência que aflora no zazen se expande gradualmente para incluir todas as atividades da nossa vida ruidosa.

Prática com Qualquer Coisa

Para praticar com qualquer coisa, simplesmente preencha as lacunas:

- Preste atenção a _____.
- Quando perceber que a atenção se dispersou, observe o pensamento e reconduza suavemente a atenção para _____.

Observe o pensamento,
  volte para _____ ,
    observe o pensamento,
      volte para _____ ,
        observe o pensamento,
          volte para _____ ,...

Seguem-se alguns exemplos de "prática com qualquer coisa". A relação de recursos no final do livro inclui uma seção sobre a prática com determinados aspectos da vida que podem ser especialmente exigentes: *stress*, dor, doença, depressão, medo, ansiedade, ambição, morte e o morrer.

Prática de Comer

Preste atenção à comida e a todas as sensações físicas envolvidas com o comer. Qual é a aparência da comida? Como é o seu cheiro? Qual a sensação do talher ou do alimento na sua mão? Que sensações você experimenta na mão e no braço e ao levar a comida à boca? Que gosto tem a comida? Como a língua se movimenta enquanto você mastiga? Como você sente o mastigar? Como você sente o engolir? Quando você sente o impulso de pegar outra porção de comida? Qual a sensação desse impulso? Como a sua mão se movimenta?

Quando perceber que não está mais prestando atenção ao comer e que se envolveu com seus pensamentos — e isso inclui pensamentos sobre a comida, como "Isso poderia ter mais alho", "Tomates caseiros são muito mais saudáveis do que os comprados no mercado", "Por que ele sempre deixa os ovos passar do ponto?" — observe o pensamento e reconduza calmamente a atenção para as sensações físicas do ato de comer.

- Preste atenção às sensações físicas do comer.
- Quando perceber que a atenção se dispersou, observe o pensamento e reconduza delicadamente a atenção para a sensação física do comer.

Observe o pensamento,
  volte ao comer,
    observe o pensamento,
      volte ao comer,
        observe o pensamento,
          volte ao comer,...

Prática de Ouvir

Em alguns grupos de meditação que conduzo, fazemos depoimentos sobre observações e pensamentos relacionados com a prática com outros integrantes do grupo. Nesse momento, fazemos a "prática de ouvir":

- Olhe para a pessoa que está falando e ouça o que ela está dizendo.
- Quando perceber que a sua atenção se dispersou, observe o pensamento e volte a ouvir.

Observe o pensamento,
  volte a ouvir,
    observe o pensamento,
      volte a ouvir,
        observe o pensamento,
          volte a ouvir,...

Procure fazer esse exercício com familiares, amigos, colegas — qualquer pessoa. (Meu marido agradeceria muito se eu fizesse esse exercício mais seguidamente com ele!)

Prática com a Dor

A prática com a dor é, creio, uma das primeiras formas com que muitos praticantes do Zen têm uma prova do que o não-eu significa realmente. Quando nos livramos de uma visão da realidade centrada no eu, deixa de haver um *eu* que sofre de *dor;* só há dor. A separação do "eu" do "não-eu" é que dá origem ao sofrimento — o nosso próprio e o que causamos aos outros.

Quando a dor surge — quando, por exemplo, seus joelhos começam a doer durante o zazen — em vez de se remexer, impacientar-se e tentar evitar a dor, experimente sentar-se quieto com a dor, física e mentalmente. Abra a sua consciência compassiva à dor. Permita que a dor entre, em vez de querer mantê-la do lado de fora. Mergulhe na dor como mergulharia numa banheira quente. Sinta a dor totalmente. Onde exatamente você a sente? Ela é aguda, dormente, latejante, tensa, dolorida, formigante, ardente? Deixe que todo o universo seja a dor. Torne-se apenas a experiência da dor. *Seja* a dor.

Pelo menos por um momento você pode ter uma amostra do que é estar na dor sem sofrer com ela. Não é que a dor desapareça ou que não seja mais dolorosa, mas sim que está tudo bem com ela. A dor simplesmente existe.

Quando perceber que você está se separando da dor e que ficou preso em pensamentos — e isso inclui pensamentos sobre a dor, como "Eu odeio dor", "Não sei por quanto tempo ainda posso suportar isso", "Nunca mais conseguirei caminhar", "'*Seja* a dor'? O que *isso* quer dizer?" — observe o pensamento e reconduza calmamente a atenção às sensações físicas da dor.

- Preste atenção às sensações físicas da dor. Abra a sua consciência compassiva à dor. *Seja* a dor.
- Quando perceber que está pensando na dor — separando-se da dor — ou que se envolveu com algum outro pensamento, observe o pensamento e volte a dirigir suavemente a atenção para as sensações físicas da dor.

Observe o pensamento,
  volte às sensações físicas da dor,
    observe o pensamento,
      volte às sensações físicas da dor,
        observe o pensamento,
          volte às sensações físicas da dor,...

Praticar com a dor não significa ser masoquista, fatalista, passivo ou tolo com relação à dor. Se você está com apendicite, vá direto ao hospital para uma apendicectomia *e* pratique com a dor enquanto espera pela cirurgia e enquanto está se restabelecendo. Se sofre de depressão, procure um especialista *e* pratique enquanto ela não desaparecer — abrindo a sua consciência compassiva para ela em vez de separar-se dela. Se sempre tem dor nos joelhos ao fazer zazen, faça o que puder para aliviar essa dor — peça alguma orientação sobre a postura sentada, aprenda alguns exercícios de alongamento ou sente-se numa cadeira em vez de sentar-se no chão — *e* pratique com toda dor nos joelhos que você possa sentir. Praticar com a dor de maneira nenhuma impede que você procure preveni-la ou aliviá-la. Não é necessariamente fácil pegar o jeito de tentar mudar uma situação e ao mesmo tempo abrir a consciência compassiva a essa situação exatamente como ela é. Pode parecer que há uma tensão ou mesmo uma contradição nisso, mas não é necessário que seja assim.

Pode ser útil praticar com a dor, mas isso não significa que você deva provocá-la para senti-la ou que não deva procurar aliviá-la. Como o meu marido gosta de frisar, há dor em abundância nesta vida; por isso não se preocupe com a possibilidade de que ela venha a faltar e você acabe ficando sem ter com que praticar. Faça tudo o que puder para livrar a você mesmo e aos outros da dor. Esse é um aspecto fundamental da prática da compaixão.

Prática com o Devaneio?

Minha amiga Jennifer perguntou-me se existe algo como uma prática com o devaneio. Pode-se devanear conscientemente? Achei que essa era uma boa pergunta para reflexão, e cheguei à conclusão que passo a expor.

Perguntei-me se o devaneio consciente não é exatamente o aspecto fundamental da prática zen. Isto é: em geral passamos o tempo todo devaneando, mas no Zen observamos repetidamente que estamos devaneando e retornamos a atenção ao momento presente. Provavelmente, porém, isso é entender o devaneio de modo muito amplo.

Podemos entender melhor o devaneio como uma entre as muitas espécies de coisas que a nossa mente faz em vez de prestar atenção ao momento presente — distinguindo o devaneio, digamos, da obsessão por um relacionamento, do planejamento de uma reunião que você dirigirá na terça-feira ou dando um novo tratamento àquela cena horrível com o seu irmão. Imagino o devaneio como o tipo de coisa que se pode fazer enquanto se está sentado na cadeira de balanço da varanda, numa tarde modorrenta de verão — deixando a mente vaguear ociosa e bem-humorada.

Por isso, se você quer devanear conscientemente, deixe a mente vaguear ociosa e satisfeita e, quando perceber que está se desviando de pensamentos agradáveis e ociosos e enveredando por pensamentos de preocupação ou vingança, criando mentalmente listas de tarefas a realizar ou qualquer outra coisa que seja muito desagradável ou direcionada para algum projeto, observe esses pensamentos, deixe-os dissipar-se e volte ao devaneio ocioso e agradável.

É isso que "prática com o devaneio" talvez possa significar.

5

Integração da Prática do Zen à Vida

Sugestões para uma Prática Regular

Caso você esteja alimentando a intenção de praticar o Zen regularmente, eu o incentivo a transformar o zazen num hábito, num componente da sua rotina diária, como escovar os dentes. Seria maçante se, cada vez que fosse escovar os dentes, você tivesse de cumprir todo um cerimonial, lembrar-se da importância da escovação para a saúde dos dentes e das gengivas e decidir qual seria o melhor horário para esse ato naquele dia. A coisa não é tão complicada assim... e também o zazen não é. E a prática de sentar-se diariamente não precisa tomar mais tempo do que preparar e beber a sua xícara de café ou de tomar o seu banho matinal. Apenas sente-se todos os dias, em torno da mesma hora, durante cinco a dez minutos, e conte a respiração — todas as manhãs antes do café ou todas as tardes antes que as crianças cheguem da escola ou ainda todas as noites, na sua escrivaninha, logo depois de desligar o computador ou de vestir o pijama, ou do que quer que faça como última ação do dia.

Se dedica alguns minutos à oração todos os dias, você pode acrescentar o seu período de meditação a esses momentos. Talvez você descubra que o zazen feito antes de rezar é uma maneira de reduzir um pouco a tagarelice da mente e assim estar mais presente à oração. Ou talvez você descubra que prefere começar com a oração verbal e em seguida, quando já entregou os assuntos particulares do dia a Deus, pode acomodar-se e simplesmente ficar ali.

Como estímulo ao hábito de meditar, destine um canto de uma sala exclusivamente para isso: um pequeno espaço bem cuidado e atraente, com sua almofada, banco ou cadeira para meditação, talvez uma vela, alguns incensos e algumas flores.

Quando medito sozinha, resolvo previamente quanto tempo vou permanecer sentada e sempre cumpro o período programado, ou fico um pouco mais se me sinto disposta a prolongar, mas nunca termino antes do tempo predeterminado. Assumir esse compromisso comigo mesma me poupa de tirar tempo do zazen imaginando quando vou parar ou analisando se devo encurtar a sessão. Eu simplesmente fico sentada durante o tempo que decidi ficar, e isso é tudo. E saber que me comprometi a ficar sentada durante o período inteiro programado me estimula a escolher durações razoáveis de tempo, em vez de querer esticar demais e depois me decepcionar por interromper antes do previsto.

Mas agora que lhe fiz essas sugestões práticas, devo admitir que, enquanto outras pessoas, inclusive o meu marido, são suficientemente autodisciplinadas para manter uma prática regular do Zen por si próprias, eu geralmente não sou, e sei que não sou de modo algum exceção nesse sentido. Acredito que constituam maioria os que precisam de alguma ajuda externa para manter uma prática espiritual regular.

Certa vez, no lapso de minha estada de três meses e minha residência de um ano no mosteiro zen, houve um período de cerca de meio ano em que eu me sentava sozinha em casa quatro ou cinco vezes por semana durante vinte minutos cada vez; mas essa foi uma das poucas vezes em que consegui manter uma prática regular de meditação sem nenhum tipo de estrutura ou supervisão externas.

Pratiquei regularmente pela primeira vez quando eu estudava meditação no Instituto Naropa, em Boulder. O curso era organizado como as aulas numa faculdade. Duas vezes por semana tínhamos palestras, que na verdade eram preleções sobre o darma. Uma vez por semana nos reuníamos em pequenas sessões de depoimentos para falar sobre a prática. Como tarefa para casa recebíamos algumas indicações de leitura e a recomendação de cumprir algo em torno de sete horas semanais de meditação sentada. Eu sabia que nunca conseguiria fazer isso, e por isso, para prevenir o inevitável remorso que sentiria, estabeleci para mim mesma o tempo de quatro horas por semana. Devíamos manter um registro num pequeno calendário de quanto tempo nos sentávamos diariamente, como um diário de bordo, e nos encontrávamos uma vez por semana, individualmente, com um instrutor de meditação. Eu pratiquei a meditação regularmente enquanto freqüentei esse curso.

No Zen Mountain Monastery, fazíamos dois períodos de trinta e cinco minutos de zazen ao amanhecer e dois à noite, exceto durante o trimestre do inverno, quando o zazen da manhã era opcional e eu preferia dormir, e durante o sesshin mensal de uma semana, quando nos sentávamos durante cerca de oito horas por dia. Se o estudante não estivesse no *zendô* — a sala de meditação — quando devia estar, um dos monges iria procurá-lo. Pratiquei regularmente nesse período, embora fosse muito mais do que eu estava disposta a fazer e sentisse que estava no zendô sob coerção a maior parte do tempo.

Em 1999, Brian e eu mudamos para um apartamento a dois quarteirões de distância do Atlanta Soto Zen Center. Brian estava encarregado de abrir o Centro e de controlar os períodos de meditação sentada às segundas-feiras de manhã, e ele ia lá várias vezes durante a semana para o zazen. Eu pratiquei nesse Centro talvez umas quatro ou cinco vezes nos dois anos e meio em que moramos ali.

Um ano, na Quaresma, além de suprimir os doces, tomei a decisão de me sentar pelo menos cinco minutos por dia. Isso me parecia uma espécie de disciplina espiritual mínima, razoável e possível de assumir. Mantive a abstenção dos doces durante os quarenta dias — uma coisa muito difícil para mim — mas a determinação de me sentar foi por água abaixo numa semana.

Tive uma prática regular do Zen quando ajudei a dirigir um grupo de estudos de Zen na Universidade Emory, e ao mesmo tempo coordenei dois grupos de Zen para cristãos em igrejas. Eu precisava estar no subsolo da capela de Emory toda segunda-feira à tarde, no salão da Glenn Memorial United Methodist Church toda segunda-feira à noite e na escola de ensino médio da Central Congregational UCC todas as terças-feiras à noite. Assim eu me sentava três vezes por semana, durante dois períodos de cerca de vinte minutos cada um. Essa é uma das coisas de que gosto na atividade de ensinar Zen: eu mesma me sento. Eu não preciso *decidir* me sentar; apenas apresento-me onde devo aparecer, e depois de sentar-me num zafu e de tocar a sineta para iniciar o período de meditação, pratico o zazen com todos os presentes.

Enquanto escrevo este livro, estou praticando regularmente. Brian e eu estamos morando num centro de retiro cristão, e o programa de oração diária inclui períodos de silêncio, que eu normalmente uso para o zazen; às vezes vou à capela um pouco mais cedo ou então, no fim, fico um pouco mais para aumentar o período de silêncio. Não estou tendo problemas em manter essa disciplina. Apenas vou à capela quando devo ir, e nos períodos de silêncio faço zazen. Também fazemos muitas refeições em silêncio, o que é proveitoso para comer com atenção.

Essa é a moral da minha história: se você quer manter uma prática regular de meditação, talvez seja útil assumir o compromisso de se sentar regularmente com um grupo. E mesmo se você se senta sozinho regularmente, pode ser proveitoso sentar-se também com um grupo.

Ajuda muito ter o apoio de outras pessoas que se sentam com você. Sentando-se sozinho, é muito mais fácil inquietar-se, terminar antes do tempo, levantar para atender o telefone, resolver se essa é a melhor época para pagar as contas, limpar a garagem ou pôr em ordem alfabética a prateleira dos temperos. Além disso, há uma espécie de sinergia que eu não consigo explicar que acontece quando nos sentamos com um grupo de pessoas que estão praticando a quietude, o silêncio e a atenção. E certamente é bom conhecer outras pessoas que assumem o mesmo compromisso que nós, que serão um apoio para a nossa prática e com as quais podemos trocar idéias sobre o assunto.

Durante muitos anos, em Boulder, Brian fez parte de um grupo que se reunia toda segunda-feira à noite numa igreja menonita para sentar-se em silêncio por meia hora, debater assuntos relacionados com a paz e a justiça social e para que todos pudessem receber apoio uns dos outros para seus compromissos e atividades. Os membros do "grupo das segundas" pertenciam a religiões diferentes ou não tinham religião, e nem todos seguiam a mesma prática de meditação ou oração silenciosa, mas todos queriam um tempo para sentar-se em silêncio com pessoas que tivessem idéias semelhantes.

A lista de recursos no fim do livro apresenta sugestões que podem ajudá-lo a encontrar um grupo de meditação.

A Prática num Centro Zen

Uma das principais atividades realizadas nos centros zen é o zazen. Os centros zen geralmente oferecem sessões de meditação pelo menos algumas vezes por semana, as quais consistem tipicamente em dois ou mais períodos de vinte e cinco a quarenta minutos cada um, separados por breves momentos de meditação andando. A meditação normalmente é precedida ou seguida de alguns cantos. Há centros que também oferecem um programa aos domingos de manhã, incluindo zazen, cantos, palestra e a oportunidade de conversar com um professor em particular.

Canto

O canto zen é executado numa única nota baixa — na verdade, duas notas distanciadas uma oitava para as vozes mais altas e mais baixas — num ritmo constante que acelera gradualmente à medida que prossegue. A batida é marcada com um grande tambor de madeira chamado *mokugyo*, parecido com um peixe enorme (embora eu talvez não percebesse essa semelhança se não tivesse sido alertada para o fato). O mokugyo emite um som baixo e ressonante.

A importância do canto não está no significado das palavras repetidas, mas no ato de cantar. O canto é uma prática zen como qualquer outra. Você observa os pensamentos errantes e volta a atenção para as sensações físicas do cantar — aos sons e vibrações da sua voz, às outras vozes e ao tambor. Você canta a partir do hara, a partir da barriga, e mistura sua voz às dos outros, de modo a formar uma harmonia única.

O Sutra do Coração, um dos textos budistas mais famosos e usados, é cantado regularmente nos centros zen. Um *sutra* é um registro dos ensinamentos de Buda. O Sutra do Coração ocupa em torno de uma página apenas e é considerado o coração, a essência, da volumosa literatura "Perfeição da Sabedoria" do Budismo. O Sutra do Coração trata do *shunyata,* ou vazio, que é uma extensão do ensinamento do não-eu. Não apenas os seres humanos, mas todos os seres e todas as coisas estão vazios de "eu", vazios de qualquer existência inerente, independente, separada. As coisas existem realmente, mas não da maneira como tendemos a pensar que existem. A essência do Sutra do Coração está no verso "A forma é o vazio; o vazio é a forma." A forma, ou realidade física, é vazia de existência inerente, e o vazio não pode ser descoberto separado da forma.[63] A forma e o vazio são duas aparências da mesma realidade. Da perspectiva relativa, vemos a forma; da perspectiva absoluta, vemos o vazio. Os próprios ensinamentos do Budismo, que são úteis da perspectiva relativa, são em última análise vazios, e o Sutra do Coração nega os ensinamentos budistas um após outro. Por exemplo, ele diz que "no vazio não há sofrimento, nem causa de sofrimento, nem extinção do sofrimento, nem caminho". Ou seja, mesmo as Quatro Nobres Verdades são, afinal, vazias. Tomando consciência do vazio de todas as coisas, o bodisatva vive "muito além dos pensamentos ilusórios" e sem medo — no nirvana.[64]

As Quatro Promessas do Bodisatva também são cantadas regularmente nos centros zen:

Por mais inumeráveis que sejam todos os seres,
Prometo salvá-los todos.
Por mais inesgotáveis que sejam as minhas ilusões,
Prometo extingui-las todas.
Por mais imensuráveis que sejam os ensinamentos do Darma,
Prometo conhecê-los todos.
Por mais infinito que seja o Caminho de Buda,
Prometo segui-lo até o fim.[65]

Ao propor-nos alcançar esses objetivos aparentemente inatingíveis, reafirmamos um compromisso com a prática do Zen. Mas, repito, enquanto você canta as Quatro Promessas, o Sutra do Coração ou algum outro texto, não pense no significado do que está cantando; apenas cante.

Gesto de reverência

O gesto de reverência, com a inclinação do tronco para a frente, é constante nos centros zen — prestado a Buda, ao professor, ao sanga e até ao lugar onde você se senta.

Essa saudação é feita com as palmas unidas, os dedos apontando para cima e as pontas dos dedos alguns centímetros à frente do nariz — um gesto chamado *gasshô*. Com as mãos em gasshô, você se inclina a partir da cintura, mantendo as costas eretas. Alguns centros zen usam apenas a saudação nas posições sentada e em pé. Outros adotam também a saudação completa. Nesta, o praticante começa com uma inclinação em pé; em seguida se ajoelha com os dois joelhos, encosta a testa no chão, apóia o dorso das mãos no chão em ambos os lados da cabeça, e eleva as palmas uns quatro ou cinco centímetros — como se estivesse levantando os pés de Buda, me explicaram.

Esse gesto de reverência não é veneração, mas uma prática de gratidão e de não-dualidade. No Zen, saudamos Buda em agradecimento por seus ensinamentos e para expressar que nós e Buda não somos separados, que cada um de nós é um buda. Saudamos o professor e o sanga em sinal de gratidão por termos um guia e companheiros no caminho, e nos inclinamos para expressar a não-dualidade com o professor e com o sanga. Saudamos o nosso zafu agradecendo pelo lugar onde nos sentamos e pela oportunidade de nos sentarmos. Entre os praticantes zen, as inclinações são usadas freqüentemente em lugar de "muito obrigado" e "não há de quê".

O Kyosaku

Um aspecto do treinamento zen que pode inicialmente parecer estranho ou desagradável é o uso do *kyosaku,* o "bastão que desperta" ou "bastão estimulador".

Durante os períodos de meditação sentada, um monitor pode percorrer o zendô, caminhando lenta e silenciosamente atrás das fileiras dos que estão meditando e parando para corrigir a postura das pessoas, se for necessário — por exemplo, endireitando costas que pendem para um lado ou puxando para trás ombros curvados para a frente. O monitor leva um kyosaku — um bastão de madeira longo, fino e achatado. Se você pede o kyosaku, unindo as mãos em gasshô, o monitor lhe dará um golpe vigoroso nos dois ombros, num ponto de acupressura entre as omoplatas e o pescoço. A batida dói, mas libera a tensão nos ombros e nas costas e ajuda a reanimá-lo se você se sentir sonolento. Pode ser também um estímulo para um estado de alerta maior ou para uma prática mais profunda. O kyosaku produz um som alto, agudo, criando uma atmosfera renovada e alerta no zendô.

Como tudo no Zen, o kyosaku é um apoio à prática, mas se você sabe que uma pancada com ele não ajudará, mas sim dificultará a sua prática, basta simplesmente não solicitá-lo.

Dokusan

Os centros zen normalmente destinam períodos de tempo durante a semana para contatos individuais com um professor, com a finalidade de trocar idéias e receber orientações sobre a prática. Esses encontros — chamados de *dokusan, daisan* ou "entrevista" — acontecem durante os períodos de meditação.

Cada centro tem seu procedimento específico para o dokusan, mas de modo geral o esquema é o seguinte: O professor, numa sala separada, toca uma sineta para indicar que o estudante pode entrar. Depois de uma ou de várias saudações, o estudante se ajoelha no zabuton, olhando para o professor, quase joelho com joelho, e diz: "Meu nome é _____ e minha prática é _____." Por exemplo: "Meu nome é Kim e minha prática é a contagem da respiração." Depois disso, a interação é totalmente espontânea. O aluno pode fazer perguntas sobre a prática ou apresentar suas impressões ao professor, que responderá. Em geral, o professor não começa nada. Se o aluno não tem o que dizer, provavelmente o professor também não dirá nada. O professor está ali para responder a perguntas, para reconduzi-lo ao caminho se você está se desviando, para servir de espelho à sua prática — isto é, para ajudá-lo a ver onde você está. Esses contatos tendem a ser breves, variando de alguns segundos a cinco minutos. (Uma ou outra vez, cheguei a perto de meia hora.) O professor termina a entrevista tocando a sineta, sinal para o aluno sair e o seguinte entrar.

Palestras sobre o Darma

Regularmente nos centros zen, em geral uma vez por semana, um professor ou outro membro do sanga profere uma palestra. Às vezes essas palestras explicam um aspecto da prática ou dos ensinamentos do Zen, mas a palestra tradicional sobre o darma, ou *teishô,* é um tipo diferente de apresentação. O teishô normalmente se baseia num koan, mas não chega a ser uma explicação ou um comentário sobre ele. Num teishô, o palestrante não transmite informações, mas procura dar expressão à experiência direta da natureza essencial da realidade e falar diretamente à natureza desperta inerente dos praticantes. A linguagem do teishô em geral é paradoxal ou poética, como a linguagem dos koans. Como diz o professor de Zen, John Daido Loori, as palestras sobre o darma são 'obscuras para a mente, mas luminosas para o coração".[66]

Caricaturas de Cristianismo

Se visitar um centro zen ou se ler mais sobre o Zen, você poderá encontrar algumas caricaturas e preconceitos sobre o Cristianismo, alguns sutis, outros explícitos. Mais da metade dos praticantes do Zen nos Estados Unidos têm formação cristã, alguns dos quais são praticantes, mas a maioria não.[67] Como esses "ex-cristãos" se aproximaram do Zen em parte pelas diferenças que o distinguem do Cristianismo como o conheciam, talvez se surpreendam ao encontrar praticantes do Zen que são cristãos.

De professores ou de outros praticantes de Zen, pode-se ouvir que o Zen, intelectualmente, satisfaz mais do que o Cristianismo, que o Cristianismo julga demais e é muito moralista, que enfatiza excessivamente a crença em detrimento da experiência religiosa, que confunde a linguagem mítica com a real, que é muito hierárquico ou que é dualista. (Não tenho muita certeza sobre o que querem dizer com "dualista", mas acho que a idéia é que o Cristianismo entende Deus como um ser totalmente separado e distinto dos seres humanos e do restante da criação.) Naturalmente, essas afirmações não são justas. Elas são generalizações equivocadas de manifestações particulares do Cristianismo ou revelam uma compreensão desinformada ou ingênua do Cristianismo. Afirmações assim podem ser aproveitadas como oportunidade para oferecer um pouco de educação religiosa e, em alguns casos, um pouco de orientação pastoral a um ex-cristão magoado.

A Igreja católica a que o meu marido pertencia, em Boulder, promoveu um evento que foi oficialmente chamado de Noite do Pedido de Perdão, mas extra-oficialmente era mencionado como "Noite do Desculpem-nos por Tê-los Atormentado". Ex-católicos e católicos "relapsos" foram convidados para expor a representantes eclesiásticos como a Igreja os havia maltratado, com a promessa de que esses representantes apenas ouviriam e pediriam perdão — sem discutir, sem justificar, sem tentar reevangelizar. Como cristão num centro zen, você poderia às vezes se sentir como um representante do Cristianismo na "Noite do Desculpem-nos por Tê-los Atormentado". E talvez a coisa mais útil que você possa fazer seja simplesmente ouvir e, se for adequado, fazer um pedido de desculpas.

Comunidade

Se você for a um centro zen em busca do sentido de comunidade que encontra em muitas igrejas, talvez o encontre, mas talvez não. Como os praticantes do Zen acima de tudo se sentam juntos em silêncio e cantam um pouco em conjunto, é possível que você se sente durante meses na companhia desses praticantes antes de ter uma oportunidade até de conhecer os seus nomes.

Brian e eu já participávamos das meditações das quintas-feiras à noite com um pequeno grupo zen em Boulder havia quase seis meses, quando fomos convidados para um piquenique. Já fazia uns dois anos que o grupo havia realizado um evento social e achavam que já era hora de promover outro. E uma vez um dos membros do grupo convidou-nos para uma festa em sua casa. Essas são as únicas duas vezes que nos encontramos socialmente com outros membros desse grupo zen.

Mas mesmo sem muita interação social regular, você pode desenvolver um sentido singular de união com as pessoas com quem medita normalmente, de modo especial se vocês fazem sesshin juntos.

Sesshin

O sesshin, ou retiro de meditação intensiva e silenciosa, é o coração do treinamento zen. Mesmo os centros zen ocidentais que reduziram o Zen ao mínimo aceitável oferecem sesshins, que podem durar de um dia a uma semana. A atividade fundamental do sesshin é o zazen — em torno de oito horas diárias, normalmente em blocos de dois ou três períodos com cerca de trinta minutos cada um. Os blocos de meditação sentada são intercalados com refeições, cantos, palestras sobre o darma, um curto período de trabalho e algum tempo para descanso. Em geral, algumas refeições durante o sesshin são feitas no zendô, num ritual elaborado chamado *oryoki*, que facilita a prática continuada da atenção ao momento presente e também uma consideração mais profunda pelo alimento e pela labuta envolvida na produção do que comemos. Durante o sesshin, são feitas palestras diárias sobre o darma e oferecidas oportunidades para um encontro com um professor no dokusan.

A palavra japonesa *sesshin* significa literalmente "recolher o coração e a mente". (*Shin* pode ser traduzido por "coração", "mente", "espírito" ou "consciência", entre outras coisas.)[68] O sesshin é uma oportunidade intensa e extensa de recolher a atenção dispersa e praticar a consciência do momento presente. Num sentido, cada participante fica exclusivamente consigo mesmo durante esses dias, mas por outro lado também faz parte de um grupo de pessoas que está praticando em conjunto — sentando-se juntos, andando juntos, cantando juntos, comendo juntos, trabalhando juntos.

O sesshin é uma prática austera, física e mentalmente. Não é fácil sentar-se imóvel com o corpo e a mente durante um período longo. Mas parece ser consenso entre os praticantes do Zen de que os dois primeiros dias são em geral os mais difíceis; na seqüência, todos se acomodam e entram no clima. (Esse é o problema com sesshins de um dia ou de um final de semana: fica-se apenas com a parte mais difícil.) Quando morava no mosteiro zen, eu sempre ficava aliviada ao término de um sesshin; mas na época do sesshin seguinte, em torno de três semanas mais tarde, eu já estava pronta para retomar a prática.

No fim do sesshin, os participantes tendem a ficar luminosos e brilhantes. Talvez isso se deva em parte ao fato de estarem com níveis altos de endorfina por sentarem em silêncio com dor física, mas se não acredito que seja só isso. Depois de muitos dias observando pensamentos errantes e voltando ao momento presente, os apegos e aversões perdem parte de sua força, e o praticante fica predisposto a simplesmente prestar atenção e apreciar cada momento.

O sesshin é uma oportunidade excelente para praticar e experimentar a libertação do "eu" e do sofrimento que Buda ensinou — praticar e experimentar nossa liberdade inerente para viver uma vida de alegria e compaixão.

Prática

Zazen: Shikantaza, ou "Apenas Sentar-se"

A palavra japonesa *shikantaza* significa "nada senão precisamente sentar-se" ou, mais sucintamente, "apenas sentar-se".[69] De certo modo, shikantaza é a forma "mais pura" de zazen. Não há uma técnica, não há nada a fazer. Não nos sentamos para nos tornar iluminados ou alguma outra coisa. Apenas nos sentamos. Sentamo-nos como manifestação de nossa iluminação inerente, e nos sentamos com a fé de que um dia realizaremos nossa iluminação intrínseca.

Não estamos acostumados a não fazer nada. Contando a respiração, fazemos um pouco de algo que nos ajuda a chegar mais perto do não fazer nada. Seguindo a respiração, aproximamo-nos ainda mais do não fazer nada. E shikantaza *é* não fazer nada.

Shikantaza é a prática zen mais fácil e também a mais difícil de explicar. Eis as orientações:

- Apenas sente-se.

Ou, se preferir uma forma um pouco mais elaborada:

- Assuma a postura, e apenas sente-se e fique atento.

É isso. Mas como sei que essas orientações, embora simples, podem levar a equívocos, direi algumas palavras mais.

Em todas as outras formas de prática zen descritas neste livro, você coloca a atenção em alguma coisa específica — no respirar, andar, comer ou alguma outra ação — e quando percebe que a atenção se dispersou, você observa o pensamento e volta a pousar a atenção naquela coisa em particular.

Shikantaza é diferente em dois aspectos. Primeiro, a atenção não fica focalizada, mas aberta para incluir tudo o que está acontecendo aqui e agora no espaço onde você está. Segundo, os pensamentos recebem o mesmo tratamento dispensado às sensações físicas. Você não "volta dos" pensamentos "para" as sensações físicas. Tudo é algo a observar. Tanto os pensamentos como as sensações físicas, tanto o "interior" como o "exterior" fazem parte do que está acontecendo aqui e agora. Para a psicologia budista, temos seis sentidos: os cinco tradicionalmente considerados pelos ocidentais — visão, audição, olfato, paladar e tato — mais a mente. Assim como o objeto da audição é o som, o objeto da mente é o pensamento. No shikantaza, observamos todo o fluxo da consciência, os objetos de todos os seis sentidos.

No shikantaza você apenas se senta, atento, observando o que passa pela consciência. Deixe acontecer. Seja o que for, deixe que venha e que vá. Não se prenda a pensamentos e sensações, e não os espante. Apenas observe-os. Nós quase sempre nos agarramos aos pensamentos e sensações que percebemos ou os expulsamos.

Nós nos envolvemos através do apego ou da aversão. No shikantaza, apenas nos sentamos e observamos. E quando nos prendemos aos pensamentos ou os afugentamos, apenas nos sentamos e observamos isso.

De modo que a prática do shikantaza pode desenrolar-se mais ou menos assim:

Observo a sensação do ar expandindo o meu abdômen. Observo o som de um ônibus passando na rua perto do centro zen. Observo a agitação da pessoa à minha esquerda. Observo o meu aborrecimento com a agitação da pessoa à minha esquerda. Observo a sensação dos meus pulmões que se expandem e se contraem enquanto respiro. Observo meus olhos ardendo por causa das minhas alergias. Observo que acabei de passar vários minutos ensaiando uma conversa ao telefone com a minha mãe. Observo a sensação da respiração no hara. Observo a sensação do cinto pressionando a barriga. Observo a tensão nos ombros. Observo a minha inquietação. Observo a sensação do ar entrando e saindo do meu nariz. Observo a sensação da respiração no hara. Observo o pensamento de que talvez seja bom eu sair do centro zen logo depois da palestra, em vez de continuar ali para mais dois períodos de meditação. Observo o desejo de que a minha mente estivesse mais sossegada hoje. Observo a sensação dos meus polegares se tocando. Observo a sensação da respiração no meu hara. Observo que estou controlando a respiração. Observo meus pensamentos sobre a dificuldade que sinto de soltar a respiração. Observo meus olhos coçando por causa das minhas alergias. Observo o cheiro do incenso. Observo o som de uma motocicleta passando. Observo meus pensamentos sobre a necessidade de trocar o óleo do carro por esses dias e se preciso ir ao mercado hoje à tarde. Observo o sentimento de que acho essas tarefas incômodas. Observo que eu estava pondo a minha experiência do zazen em palavras porque quero incluí-la neste livro. Observo a sensação da respiração no hara...

Shikantaza é uma prática difícil. Embora não haja nada para fazer, ela exige um certo estado mental. Yasutani Roshi diz: "Você deve sentar-se com a mente alerta, mas ao mesmo tempo calma e composta. Essa mente deve ser como as cordas de um piano bem afinado: esticadas, mas não em excesso."[70] Se contar a respiração é como andar de bicicleta com rodinhas de treinamento, e seguir a respiração é como andar de bicicleta sem as rodinhas de treinamento, shikantaza é como andar de monociclo. Não há nenhum apoio. Eu recomendaria que você começasse com a bicicleta; quando se sentir seguro com a bicicleta, tente com o monociclo.

Aspectos Principais de *Shikantaza*

- Assuma uma posição sentada que lhe permita ficar com a coluna ereta, estável e totalmente imóvel.
- Mantenha os olhos abertos, com o olhar inclinado num ângulo de aproximadamente 45 graus, ligeiramente desfocado, pálpebras caídas.
- Respire uma ou duas vezes lenta e profundamente. Depois deixe a respiração seguir normalmente.
- Concentre a atenção no hara (5 cm abaixo do umbigo).
- Opcional: Passe alguns minutos contando a respiração, para acalmar a mente.
- Deixe a percepção expandir-se para incluir tudo o que fluir pela consciência.

Observe tudo o que estiver acontecendo exatamente agora,
e agora,
e agora,
e agora,
e agora,
e agora...

Mudanças Climáticas

Descrevo a seguir uma imagem que sempre me ajuda na prática do shikantaza.

Às vezes eu me vejo como uma montanha, maciça, sólida e inabalável, entranhada na terra, envolvida pelo imenso céu aberto. E os meus pensamentos são nuvens que passam pelo topo da montanha. Às vezes são pequenas nuvens transparentes, e a luz do sol, clara e brilhante, não tem dificuldade de atravessá-las. Sinto a luz do sol brilhar quente sobre mim, no ar seco e rarefeito.

Sinto a imensidão do céu. Às vezes, grandes tempestades se levantam e o topo da montanha fica totalmente envolvido por nuvens negras e por chuvas torrenciais. Mas as tempestades sempre passam. E sempre voltam. Nuvens, céu claro, nuvens, céu claro, chuva, trovão, raio e granizo, céu claro, nuvens, céu claro — sinto o ritmo das mudanças na atmosfera. O sol está sempre brilhando, quer seus raios alcancem o topo da montanha ou não. O céu é sempre claro acima das nuvens. Todo tempo, "bom" e "ruim", acontece dentro do imenso espaço aberto. E a montanha simplesmente está ali.

Quando nos sentamos, a nossa tarefa é ser a montanha, experimentar todas as mudanças climáticas no imenso espaço aberto, esteja o tempo cinzento e frio, ensolarado e quente, ruidoso e assustador ou ameno e animador. Apenas sinta tudo. Seja uma montanha no sol brilhante e quente. Seja uma montanha na chuva forte e fria. Talvez você prefira os tempos ensolarados aos chuvosos. Tudo bem. Apenas sinta isso. Seja isso.

Eu gostaria de preveni-lo sobre dois equívocos comuns que ocorrem aqui. Eles se aplicam não apenas à prática do shikantaza, mas a todas as formas de prática zen.

Primeiro, a prática do Zen não tem nada a ver com o controle do clima. Não se trata de você estabilizar a temperatura em vinte e sete graus e manter o tempo ensolarado. Creio que você sabe que de qualquer modo isso é impossível. Imagino que você não estaria estudando Zen se já não tivesse se defrontado com esse fato assustador a respeito da vida: faça você o que fizer — o *que* fizer — sempre haverá tempestades. A boa-nova é que isso está perfeito assim. O sol e as tempestades — tudo está bem. Preferir o sol às tempestades — isso também está bem. O fim do sofrimento que Buda ensinou não é a libertação *das* tempestades, mas a libertação *nas* tempestades — e no sol. Não é necessário controlar o tempo.

O segundo mal-entendido muito comum é que a prática do Zen consistiria em desenvolver uma atitude de indiferença diante das tempestades. Mas também não se trata disso. A prática do Zen não significa indiferença ao tempo. Ela não consiste em não se importar com o tempo, em não ter preferência pelo tempo, isolando-nos do tempo ou de nossos sentimentos sobre ele. Isso não é libertação ou equanimidade; isso é depressão. Ou então, é o que Yasutani Roshi chama de "Zen do-não-importa, sem prática e sem iluminação".[71] Nós não nos libertamos *do* nosso desagrado pelo calor sufocante ou da nossa alegria pelos primeiros flocos de neve; libertamo-nos *dentro* desta vida humana, inclusive dos nossos sentimentos e preferências.

Numa noite de inverno, em Boulder, minha amiga Anne e eu voltávamos do mercado passando por ruas cobertas de neve, com a temperatura abaixo de zero. Anne é de San Diego e eu de Los Angeles, e nós duas odiávamos esse tempo e nos sentíamos realmente aborrecidas com um frio tão intenso. Então pensamos: qual seria a atitude zen? Nosso primeiro pensamento foi que devíamos pensar que estava tudo bem com o tempo, mas então nos demos conta de que isso não era verdade. Mais exatamente, podíamos ficar bem com o fato de odiarmos aquele tempo. Assim, alegremente odiamos o tempo o resto do caminho até em casa — "tempo frio bobo, desagradável, horroroso!"

A prática zen não tem nada a ver com o controle do tempo; e também nada a ver com uma atitude de indiferença ao clima. Mas tem relação com a consciência do tempo. Sinta as incessantes alterações climáticas e atmosféricas. *Seja* as incessantes alterações do clima.

O Riacho

Eis outra imagem.

Às vezes imagino minha mente como um riacho. Quando ela está agitada e barulhenta, esses são os pontos pedregosos, acidentados, ruidosos do percurso do riacho; os lugares onde a água corre sobre pedras enormes, onde fica toda branca e espumosa. E quando a minha mente está relativamente parada, aberta e tranquila, esses são os locais livres e calmos do fluxo, os lugares onde o leito do riacho é plano e nivelado, onde se pode ver o fundo através da água transparente. Eu simplesmente sigo o fluxo — agitado e ruidoso, depois limpo e calmo, depois agitado e barulhento e agitado e barulhento e agitado e barulhento, e então limpo e tranquilo.

Tudo isso está bem. As partes agitadas não são "más"; não precisam ser eliminadas. Praticar o Zen não é aplainar o leito do riacho para eliminar a água branca. Praticar o Zen é estar livre para simplesmente ser o riacho que flui, com todas as suas variações. Certamente às vezes queremos intensamente, desesperadamente, aplainar o fundo do riacho. Às vezes os trechos acidentados não nos atraem de forma nenhuma. Isso também está bem. Esses sentimentos também não precisam ser eliminados. Eles são outra variação natural no fluxo do riacho.

Nós apenas fluímos junto, abrindo a nossa consciência compassiva a todas as variações que possam ocorrer no percurso do riacho.

Um Pensamento a Mais

Se Realmente Vale a Pena Fazer, Convém Fazer Mesmo que Malfeito

Você provavelmente já ouviu o ditado, "If it's worth doing, it's worth doing right." (Se vale a pena fazer, vale a pena fazer bem-feito.) Suponho que haja pessoas que precisam ouvir isso, mas não sou uma delas, e acredito que você também não. Parece que o Zen atrai muitos tipos perfeccionistas e autocríticos que pensam que devem fazer tudo "certo". Essa atitude tende a produzir o lamentável efeito colateral de preferirmos deixar de fazer muitas coisas recomendáveis a fazê-las de modo "errado". Se você se aproxima da prática do Zen com essa atitude, talvez simplesmente não pratique ou pratique apenas em arroubos de "excelência" esporádicos e exaustivos.

Por isso, eu gostaria de propor-lhe um aforismo alternativo: *Se realmente vale a pena fazer, convém fazer mesmo que malfeito.*

Descobri essa pequena porção de sabedoria prática há cerca de dez anos, ao ler numa revista um artigo intitulado "The Joys of Mediocrity: Anything Worth Doing Is Worth Doing Badly."[72] (Tradução literal: "Alegrias da Mediocridade: Tudo o que Vale a Pena Fazer, Vale a Pena Fazer Malfeito.") A autora havia percebido recentemente que seu perfeccionismo lhe tirara a alegria de viver. Então, seguindo o exemplo do marido, que se sentia muito feliz tocando tuba mal, ela se libertara de sua necessidade de fazer tudo bem-feito e estava sentindo muito prazer em dançar mal.

Alguns anos mais tarde, descobri que foi G. K. Chesterton que cunhou o ditado "If a thing is worth doing, it is worth doing badly"[73] (Tradução literal: "Se vale a pena fazer uma coisa, vale a pena fazê-la malfeita.") No livro sobre oração que eu estava lendo, o autor cita Chesterton e comenta que a oração, que é algo que vale a pena fazer, "exige a humildade de se tentar fazê-la, mesmo sabendo que a faremos de modo canhestro".[74]

Relembrei esse tema ao ouvir a gravação de um sermão de Fred Craddock, pregador renomado, que meu marido e eu admiramos muito. O autor da Epístola aos Hebreus, diz Craddock, está tentando desesperadamente, embora nem sempre de forma agradável ou afetuosa, salvar a igreja para a qual está escrevendo, porque se preocupa com ela. Craddock assim se expressa: "Tenho observado que a solicitude freqüentemente é rude, interfere, intromete-se, diz a coisa errada, manifesta-se no momento errado, transtorna, comete erros, freqüentemente sente que precisa pedir desculpas. Mas uma coisa ela nunca faz: a solicitude jamais abandona algo totalmente."[75] Vale a pena ser solícito de modo estabanado, inábil, imperfeito, em vez optar por não ser solícito.

Se vale a pena fazer meditação, faça-a, mesmo que de modo incorreto. Se vale a pena praticar a compaixão, pratique-a, ainda que de maneira desajeitada. Você não precisa escolher entre praticar o Zen "bem" ou então não praticá-lo. Seja um praticante de Zen medíocre, negligente. Pratique o Zen imperfeitamente, esporadicamente, idiossincraticamente. Faça zazen num lugar barulhento e totalmente iluminado. Fique de olhos fechados. Remexa-se. Ponha-se numa postura desleixada... mas pratique.

O que praticamos no Zen é a consciência de que nunca estivemos separados da nossa natureza iluminada, que não podemos separar-nos da nossa natureza iluminada. Já somos budas. Às vezes somos budas agitados e às vezes somos budas imóveis. Às vezes somos budas silenciosos e às vezes somos budas loquazes. Às vezes somos budas felizes e às vezes somos budas tristes. Às vezes somos budas que pensam que precisam fazer tudo perfeito e às vezes somos budas que estão dispostos a fazer coisas malfeitas.

Abrimos a nossa atenção compassiva a tudo — agora, agora, agora.

Leituras Recomendadas

Livros

Prática do Zen

Os Três Pilares do Zen, Philip Kapleau. Obra muito ilustrativa sobre "como fazer", especialmente as palestras introdutórias sobre treinamento zen, de Yasutani Roshi.

Everyday Zen, Charlotte Joko Beck. Um livro direto e objetivo sobre a prática zen e sua relação com a vida diária, escrito pela professora do Centro Zen de San Diego.

Mente Zen, Mente de Principiante, Shunryu Suzuki. Um clássico dileto do Zen americano, escrito pelo fundador do Centro Zen de San Francisco e do primeiro mosteiro zen nos Estados Unidos, em Tassajara, no norte da Califórnia.

Budismo Básico

What the Buddha Taught, Walpola Rahula. Introdução clara e concisa aos ensinamentos budistas básicos (As Quatro Nobres Verdades, não-eu, meditação e assim por diante), escrito por um monge e especialista budista.

Awakening the Buddha Within, Lama Surya Das. Introdução ao Budismo, organizada em torno do Caminho Óctuplo, por um professor americano de Budismo Tibetano.

Radiant Mind: Essential Buddhist Teachings and Texts, editado por Jean Smith. Seleção criteriosa de textos budistas clássicos e de comentários de professores contemporâneos sobre formas de Budismo orientadas para a meditação.

The Shambhala Dictionary of Buddhism and Zen. Obra de referência muito útil.

Praticando com _____

Full Catastrophe Living, Jon Kabat-Zinn. Sobre a prática com o *stress*, a dor e a doença, escrito pelo fundador e diretor da Clínica para Redução do Estresse, do Centro Médico da Universidade de Massachusetts.

The Depression Book e *The Fear Book,* Cheri Huber. Sobre a prática com a depressão, o medo e a ansiedade, escrito por uma professora de Zen.

Anger: Wisdom for Cooling the Flames, Thich Nhat Hanh. Sobre a prática com a raiva, escrito por um professor de Zen.

A Year to Live e outros livros de Stephen Levine. Sobre a prática com a morte e o morrer, sua e de outros.

Forgetting Ourselves on Purpose: Vocation and the Ethics of Ambition, Brian J. Mahan. Sobre a prática com as suas ambições e a transmutação da ambição em vocação. Escrito de uma perspectiva cristã e zen. (Tudo bem, o autor é meu marido, mas é realmente um bom livro!)

Zen e Cristianismo

Zen Catholicism: A Suggestion, Dom Aelred Graham. Análise densa, mas bem escrita e orientada para a experimentação, sobre como o Zen pode ajudar católicos a "compreenderem mais plenamente sua herança espiritual".

The Raft Is Not the Shore: Conversations Toward a Buddhist-Christian Awareness, Thich Nhat Hanh e Daniel Berrigan. Baseado em conversas mantidas nos anos 70 entre os dois autores, um professor de Zen e o outro sacerdote jesuíta, ambos envolvidos num trabalho de paz e justiça. Reimpresso recentemente.

Zen e as Aves de Rapina, Tomas Merton. Coleção de ensaios sobre Zen e Cristianismo, escritos por um monge trapista e um dos grandes escritores espirituais do século XX. Este livro é mais acadêmico do que outras obras de Merton.

Zen Gifts to Christians, Robert E. Kennedy. O que os cristãos podem aprender do Zen. Kennedy é sacerdote jesuíta, professor de Zen, psicoterapeuta e professor de teologia e de japonês.

Prática Cristã Contemplativa

A Nuvem do Não-Saber. Clássico do misticismo cristão. Guia prático à oração contemplativa, escrito por um anônimo medieval. Várias traduções.
New Seeds of Contemplation, Thomas Merton. Reflexões muito bem escritas sobre a vida contemplativa, por um monge trapista do século XX.
Open Mind, Open Heart: The Contemplative Dimension of the Gospel, Thomas Keating. Inclui uma breve história da oração contemplativa cristã e instruções detalhadas sobre a "oração centrante".
Relatos de um Peregrino Russo. História de um camponês russo anônimo do século XIX que queria "rezar sem cessar" (1 Tessalonicenses 5,17) e foi orientado a recitar a Oração de Jesus — a repetição contínua de "Senhor Jesus Cristo, Filho de Deus, tende piedade de mim, pecador" — uma prática da Igreja Ortodoxa, com raízes na espiritualidade do deserto do Cristianismo primitivo. Há várias traduções disponíveis.

Endereços Eletrônicos

www.mro.com Endereço eletrônico do Zen Mountain Monastery. Inclui instruções iniciais para meditação zen e o "Cybermonk": envie perguntas sobre Zen por correspondência eletrônica e receba a resposta de um dos monges.
www.tricycle.com Endereço eletrônico da revista budista *Tricycle;* inclui "Fundamentos do Budismo" e relação de centros budistas.
www.shalem.org Site do Shalem Institute for Spiritual Formation. Inclui links para textos clássicos sobre prática contemplativa do Cristianismo e de outras tradições religiosas.
www.centeringprayer.com O site do Contemplative Outreach inclui instruções detalhadas sobre a oração centrante, artigos sobre a oração contemplativa, escritos por Thomas Keating e outros, e uma lista de contatos com grupos de oração centrante.

Fornecedores de Almofadas e Bancos para
Meditação, Livros e Fitas Budistas,
Sinos, Incensos e Outros Produtos

Carolina Morning Designs Apenas almofadas, bancos e sinos. Peça prospecto: (888) 267-5366 ou cmd@zafu.net. Catálogo on-line: www.zafu.net. Também no site: "What's Wrong with the Chair?"
Dharma Communications Solicite catálogo: (845) 688-7993; dharmacom@dharma.net; ou P.O. Box 156, Mt. Tremper, NY 12457. Catálogo on-line: www.mro.org/dc/store.shtml.
DharmaCrafts Solicite catálogo: (800) 794-9862; customer_service@dharmacrafts.com; ou 405 Waltham Street, Suite 234, Lexington, MA 02421. Catálogo on-line: www.dharmacrafts.com.
Shasta Abbey Buddhist Supplies. Solicite catálogo: (800)653-3315; supplies@buddhistsupplies.com; ou P.O. Box 1163, Mt. Shasta CA 96067. Catálogo on-line: www.buddhistsupplies.com. As ofertas incluem uma almofada anatômica de espuma para uso em cadeira.

Como Encontrar um Grupo de Meditação

Sugestões para encontrar um centro zen em sua região:

1. Consulte nas Páginas Amarelas "Meditação" ou "Igrejas: Budista"; nas páginas brancas, "Zen" (muitos centros zen se denominam "Centro Zen de [*local*]").
2. Pesquise endereços eletrônicos de centros budistas em todo o mundo em www.tricycle.com, www.buddhanet.net, e www.manjushri.com.
3. Consulte *The Complete Guide to Buddhist America*, de Don Morreale ou *The Buddhist Directory*, de Peter Lorie e Julie Foakes, que contêm relação de centros budistas nos Estados Unidos e no Canadá, ou *Journey of Awakening*, de Ram Dass, que inclui endereços de centros de meditação.

Você pode adotar as mesmas estratégias para localizar um Centro Budista Tibetano, Vipassana ou Theravada. A prática ensinada aos principiantes nessas tradições é bastante semelhante à da meditação zen. Há mais de uma centena de Centros de Meditação Shambhala na América do Norte (e outros ao redor do mundo), que oferecem instruções para meditação na tradição budista tibetana e através do treinamento Shambhala, um caminho secular de treinamento em meditação. Contate Shambhala em (902) 420-1118 (na Nova Escócia) ou em info@shambhala.org, ou veja as listas dos "Centros Shambhala" e "Centros para Praticar" no site: www.shambhala.org.

O sacerdote jesuíta e professor de Zen, Robert Kennedy, conduz retiros zen em todo o país. Para informações, contate R. O'Connell em roconnell8@aol.com ou (212) 831-5710, ou ainda o site de Kennedy: kennedyzen.tripod.com.

Para encontrar um grupo de oração na sua região, contate Contemplative Outreach em (973) 838-3384 (em New Jersey) ou office@coutreach.org ou consulte a lista de "Contacts" na rede: www.centeringprayer.com.

Notas

Convite à Prática do Zen

1 *Zen puro e simples* Mais precisamente, o Zen apresentado neste livro é simplesmente o Zen americano.
2 *como comparar tênis com matemática* Thomas Merton, *Zen and the Birds of Appetite* (Nova York: New Directions, 1968), p. 33.
3 *equações diferenciais* Agradeço a meu amigo matemático Fred Helenius essa sugestão sobre o que os matemáticos poderiam refletir.
4 *"Seja feita a vossa vontade"* — *a vossa vontade, não a minha.* A idéia de relacionar "Seja feita a vossa vontade" com o Zen veio do capítulo "Thy Will be Done", do livro de Charlotte Joko Beck, *Everyday Zen* (San Francisco: HarperSanFrancisco, 1989), pp. 201-203.

Prática: Zazen: Contagem da Respiração

5 *"um espaço simplificado"* Beck, *Everyday Zen*, p. 25.
6 *"Com efeito, assim diz..."* Isaías 30,15-16.

Capítulo 1: Como me Tornei Praticante Cristã do Zen

7 *"Senti como se..."* e *"Não tenho idéia..."* Estou citando de uma fotocópia entregue ao meu marido, com uma nota escrita à mão citando Susan Howatch, *Church Times* (Londres), Jan. 1991.

8   *os alienígenas deviam sair do Vaticano.* Agradeço a Helen Blier por este comentário.
9   *"Se você acha que o seu coração não consegue rezar,..."* Karl Rahner, *The Need and the Blessing of Prayer,* trans. Bruce W. Gillette (Collegeville, Minn.: Liturgical Press, 1997), p.11. Outros livros sobre oração que julguei especialmente proveitosos são C. S. Lewis, *Letters to Malcolm: Chiefly on Prayer* (Orlando, Fla.: Harcourt, 1973); Ann Ulanov e Barry Ulanov, *Pimary Speech: A Psychology of Prayer* (Louisville, Ky.: Westminster/John Knox, 1982); e Anthony Bloom, *Beginning to Pray* (Mahwah, N.J.: Paulist Press, 1970).
10 *abrir o coração a Deus* Rahner, *The Need and the Blessing of Prayer,* p. 3.
11 *Atendemos ao apelo de Deus expresso no Salmo 46* Esse modo de descrever a oração contemplativa é de Tilden Edwards, *Living in the Presence: Disciplines for the Spiritual Heart* (San Francisco: HarperSanFrancisco, 1987), p. 11.

Prática: Meditação Andando

12 *"é como se segurássemos..."* Shunryu Suzuki, *Zen Mind, Beginner's Mind* (Nova York: Weatherhill, 1973), p. 27.

Capítulo 2: A Libertação do Sofrimento Segundo o Budismo

13 *Sidarta Gautama* Para a história de Buda, consultei: Roger J. Corless, *The Vision of Buddhism* (Nova York: Paragon House, 1989), pp. 3-15; Peter Harvey, *An Introduction to Buddhism: Teachings, History and Practices* (Cambridge: Cambridge University Press, 1990), pp.14-29; Damien Keown, *Buddhism: A Very Short Introduction* (Nova York: Oxford University Press, 1996), pp.16-27; Jonathan Landaw and Janet Brooke, *Prince Siddhartha: The Story of Buddha,* (Boston: Wisdom, 1984), pp. 46-69; e Donald S. Lopez Jr., *The Story of Buddhism: A Concise Guide to Its History and Teachings* (San Francisco: HarperSanFrancisco, 2001), pp. 37-42, 54-56.

14 *a vida humana ordinária, não-iluminada* O uso que faço da palavra *não-iluminada* para descrever a Primeira Nobre Verdade vem de Robert A. F. Thurman, "Boardroom Buddhism", *Civilization,* Dez.1999-Jan.2000, p. 61. Agradeço a Jonathan Strom por chamar minha atenção para essa edição de *Civilization.*

15 *Eclesiastes* As referências neste parágrafo são de Eclesiastes 1-5. Agradeço a Brian Mahan a indicação de algumas semelhanças entre o Eclesiastes e o Zen.

16 *Agostinho* Santo Agostinho, *Confessions,* trad. R. S. PineCoffin (Nova York: Penguin, 1961), pp. 75-78.

17 *quando o desejo é possessivo* A distinção entre desejo e desejo possessivo é feita por Denys Turner, *The Darkness of God: Negativity in Christian Mysticism* (Nova York: Cambridge University Press, 1995), pp.183-184.

18 *A verdadeira satisfação está em...* Essa frase inspira-se na explicação de Sylvia Boorstein à Segunda Nobre Verdade em *It's Easier Than You Think: The Buddhist Way to Happiness* (San Francisco: HarperSanFrancisco, 1995), p. 19.

19 "Não esqueça de..." J. R. R. Tolkien, *The Hobbit* (Boston: Houghton Mifflin, 1999).

20 *O conceito de não-eu não é estranho ao Cristianismo* Citações de Paulo: Gálatas 2,20; Romanos 12,5. *Amarás o teu próximo como a ti mesmo:* Levítico 19,18; Mateus 19,19, 22,39; Marcos 12,31; Lucas 10,27; Romanos 13,9; Gálatas 5,14; Tiago 2,8.

21 *Se eu amasse o meu próximo..."* Lewis, *Letters to Malcolm,* pp. 114-115.

22 *é não eu não significa... não devemos usar a palavra eu* Essa idéia é de Paul Williams, *Mahayana Buddhism: The Doctrinal Foundations* (Nova York: Routledge, 1989), p. 67.

23 *dois níveis de verdade* Emprestei esta frase de S. S. o Dalai Lama e Alexander Berzin, *The Gelug/Kagyü Tradition of Mahamudra* (Ithaca, N.Y.: Snow Lion, 1997), p. 160.

24 *(Grande parte da retórica que ...)* Essa idéia é de Williams, *Mahayana Buddhism,* p. 46.

25 *"Seus alunos..."* Philip Martin, *The Zen Path Through Depression* (San Francisco: HarperSanFrancisco, 1999), p. 20.

26 *"A dor é inevitável, mas o sofrimento é opcional."* Essa é a articulação da Primeira Nobre Verdade que Sylvia Boorstein faz em *It's Easier Than You Think*, p. 16. A frase "O sofrimento é opcional" também é usada pela professora de Zen Cheri Huber, *Suffering is Optional* (Mountain View, Calif.: Keep It Simple Books, 2000).

27 *"Terceira Nobre Verdade e Meia":* "O sofrimento é administrável" Boorstein, *It's Easier Than You Think*, p. 26.

28 *Caminho Óctuplo* Para esta análise do Caminho Óctuplo, recorri especialmente a Corless, *The Vision of Buddhism*, pp. 210-211; Lama Surya Das, *Awakening the Buddha Within* (Nova York: Broadway Books, 1997); Walpola Rahula, *What the Buddha Taught* (Nova York: Grove Press, 1974), pp. 45-50; e aos verbetes "Caminho Óctuplo" e "trishiksha" (os Três Treinamentos) no *The Shambhala Dictionary of Buddhism and Zen* (Boston: Shambala, 1991).

29 *"habilidoso" e "realista"* "Habilidoso": Bhante Henepola Gunaratana, *Eight Mindful Steps to Happiness: Walking the Buddha's Path* (Boston: Wisdom, 2001). "Realista": Thurman, "Boardroom Buddhism", p. 61.

30 *Um estudante apresentou-se ...* A história da flecha envenenada está resumida e parafraseada de Rahula, *What the Buddha Taught*, pp. 12-15.

Prática: Observação dos Pensamentos

31 *O Zen não quer eliminar os pensamentos mas iluminá-los* Consegui essa frase com um instrutor de meditação no Shambhala Meditation Center of Atlanta. Ele são sabia de onde a havia tirado.

32 *"Estudar o Caminho de Buda..." Genjokoan*, de Dogen. Uma tradução ligeiramente diferente aparece em Kazuaki Tanahashi (org.), *Moon in a Dewdrop: Writings of Zen Master Dogen* (Nova York: North Point Press, 1985), p. 70.

33 *precisa, mas também suave* Emprestei esses adjetivos de Pema Chödrön, "Precision, Gentleness, and Letting Go", em *The Wisdom of No Escape: And the Path of Lovingkindness* (Boston: Shambhala, 1991), pp. 13-20.

34 *Você está numa estação de trem* Consegui a imagem da estação de trem com um instrutor de meditação ligado ao Instituto Naropa (atual-

mente Universidade Naropa) ou Shambhala Training, em Boulder, Colorado, no final dos anos 80; não lembro agora seu nome.

35 *apenas deixe que ele fique* Ouço mais a instrução "deixe o pensamento ir", mas eu gosto de "deixe o pensamento ser", que encontrei em Joseph Goldstein, *Insight Meditation: The Practice of Freedom* (Boston: Shambhala, 1993), pp. 39-41.

36 *Despeça-se de cada pensamento com um abraço* Agradeço a Laurie Watel a frase "Despedir-se dos pensamentos com um abraço" para apreender sucintamente a imagem da estação de trem.

37 *Se parecer que houve um grande borrão...* A idéia nesta frase veio de Beck, *Everyday Zen*, pp. 26-27.

38 *Quando Jesus diz...* Mateus 5,27-28.

39 *"Irai-vos, mas não pequeis"* Efésios 4,26.

40 *"Às vezes um homem piedoso..."* e *..."* e *"Não existe perigo real..."* Thomas Merton, *New Seeds of Contemplation* (Nova York: New Directions, 1961), pp. 222-223.

Capítulo 3: Ensinamentos Zen e Ensinamentos Cristãos

41 *O koan a seguir...* Koan citado de Paul Reps e Nyogen Senzaki (orgs.), *Zen Flesh, Zen Bones: A Collection of Zen and Pre-Zen Writings* (Boston: Tuttle, 1998), p. 155.

42 *A não-dualidade nega uma natureza dual das coisas...* O fato de a não-dualidade negar uma natureza dual das coisas sem afirmar a unicidade ficou claro para mim pela primeira vez no capítulo "The Buddhist-Christian Dialogue", do livro de David Tracy, *Dialogue with the Other* (Grand Rapids, Mich.: Eerdmans, 1990), p. 69. Ver também Williams, *Mahayana Buddhism*, pp. 63-65.

43 *George Lindbeck* Citações de George Lindbeck, *The Nature of Doctrine: Religion and Theology in a Postliberal Age* (Louisville, Ky.: Westminster/John Knox, 1984), pp. 16-17. (Lindbeck propõe a compreensão de doutrinas de uma quarta maneira, como "regras de discurso, atitude e ação com autoridade comunal". Esse enfoque lingüístico-cultural enfatiza as semelhanças entre religião e linguagem.)

44 *As coisas são uma grande confusão, mas, mesmo assim, tudo bem.* Essa idéia e a sua formulação foram inspiradas pelo capítulo "Está tudo bem" do livro *Everyday Zen,* pp. 114-118, de Charlotte Joko Beck, e pela afirmação "O propósito da prática é finalmente compreender o paradoxo de que embora tudo seja uma confusão, está tudo bem", em Ezra Bayda, "What Practice Is", *Zen Center of San Diego Newsletter,* Jan. 1996, disponível on-line em www.prairiezen.org/archive/practice.htm.

45 *"Pela graça apenas..." e "Declaramos em conjunto..."* Igreja Católica Romana e Federação Luterana Mundial, "Declaração Conjunta sobre a Doutrina da Justificação", 1999, parágrafos 15 e 37, disponível na Internet em www.elca.org/ea/Ecumenical/romancatholic/jddj/jddj.html.

46 *uma amiga me perguntou* Agradeço a Jan Thomas essa e outras boas conversas sobre teologia por e-mail.

47 *incomensuráveis* Agradeço a Brian Mahan a sugestão de que eu devia usar três categorias aqui em vez de duas — não apenas semelhanças e diferenças, mas também incomensurabilidades — e a recomendação de que eu lesse "The Buddhist-Christian Dialogue", de David Tracy, e que adotasse as categorias de Lindbeck neste capítulo.

48 *"também não somos dois,..."* Tracy, *Dialogue with the Other,* p. 94.

Capítulo 4: Iluminação: Já e Ainda Não

49 *Issan Dorsey* Essa história é extraída de Kobai Scott Whitney, "The Lone Mountain Path: The Example of Issan Dorsey", *Shambhala Sun,* Mar. 1998.

50 *Lembro-lhe respeitosamente..."* "Evening Gatha", em John Daido Loori (org.), *Zen Mountain Monastery Liturgy Manual* (Mt. Tremper, N.Y.: Dharma Communications, 1998), p. 47.

51 *praticar meditação como se o seu cabelo estivesse queimando* Dogen, *Zazen-gi (Rules for Zazen)* e *Gakudo Yojin-shu (Guidelines for Studying the Way).* Ver Tanahashi, *Moon in a Dewdrop,* pp. 29, 31.

52 *Bodidarma e Hui-k'o* Para essas histórias, baseei-me em Heinrich Dumoulin, *Zen Buddhism: A History:* Vol. 1, *India and China,* trans. James W. Heisig e Paul Knitter (Old Tappan, N.J.: Macmillan, 1988), p. 92; Nelson Foster and Jack Shoemaker (orgs.), *The Roaring Stream:*

A New Zen Reader (Hopewell, N.J.: Ecco Press, 1996), pp. 6-8; Alan W. Watts, *The Way of Zen* (Nova York: Pantheon, 1957), pp. 91-92; e os verbetes "Bodhidharma" e "Hui-k'o" no *The Shambhala Dictionary of Buddhism and Zen* e em Charles S. Prebish (org.), *Historical Dictionary of Buddhism* (Metuchen, N.J.: Scarecrow Press, 1993).

53   *um historiador* Kenneth Ch'en, *Buddhism in China: A Historical Survey* (Princeton, N.J.: Princeton University Press, 1964), p. 352.

54   *"como uma espécie de duende..."* Hakuun Yasutani, *Flowers Fall*, trans. Paul Jaffe (Boston: Shambhala, 1996), p. 43.

55   *Essa linguagem paradoxal* Turner, *The Darkness of God*, ch. 2., ajudou-me a compreender e a elaborar esse ponto — que o paradoxo é um modo de usar a linguagem para apontar para uma verdade além da linguagem.

56   *"Para nós, a perfeição completa..."* Suzuki, *Zen Mind, Beginner's Mind*, p. 103.

57   *andar por aí montado no seu boi* Yasutani, Flowers Fall, p. 42.

58   *"O papão no lado de fora..."* Hakuin, *Zen Words for the Heart: Hakuin's Commentary on the Heart Sutra*, trans. Norman Waddell (Boston: Shambhala, 1996), p. 24.

59   *bodisatva* Para a definição de um bodisatva, recorri a Corless, *The Vision of Buddhism*, pp. 41-42; e aos verbetes "bodhisattva" no *The Shambhala Dictionary of Buddhism and Zen* e em Prebish, *Historical Dictionary of Buddhism*. A segunda definição é de Donald S. Lopez Jr., *The Heart Sutra Explained* (Albany: State University of New York Press, 1988), p. 39.

60   *Getting Saved from de Sixties* Steven M. Tipton, (Berkeley: University of Califórnia Press, 1982).

61   *uma maneira semelhante de compreender a moralidade cristã* Lewis, *Letters to Malcolm*, pp. 114-115.

Prática: Praticando com Tudo

62 *professor num seminário batista coreano* Agradeço a Gerald May o ter compartilhado essa história.

Capítulo 5: Integração da Prática do Zen à Vida

63 *A forma, ou realidade física, é vazia* A interpretação de "A forma é o vazio; o vazio é a forma" nesta frase vem de Lopez, *The Heart Sutra Explained,* p. 72.

64 *"não há sofrimento,..."* e *"muito além dos pensamentos ilusórios"* "The Heart Sutra", em Loori, *Zen Mountain Monastery Liturgy Manual,* p. 27.

65 *Quatro Promessas do Bodisatva* Tradução usada pelo Atlanta Soto Zen Center, Atlanta.

66 *"obscuras para a mente, mas luminosas para o coração"* John Daido Loori, *Mountain Record Of Zen Talks* (Boston: Shambhala, 1988), p. xiii.

67 *Mais da metade* A sugestão é de James William Coleman, "The New Buddhism: Some Empirical Findings", em Duncan Ryuken Williams and Christopher S. Queen (orgs.), *American Buddhism: Methods and Findings in Recent Scholarship* (Surrey, England: Curzon Press, 1999), pp. 94-95.

68 sesshin *e* shin As traduções desses termos são dos verbetes "sesshin" e "kokoro" (*shin*) do *The Shambhala Dictionary of Buddhism and Zen.*

Prática: Zazen: Shikantaza, ou "Apenas Sentar-se"

69 *"nada senão precisamente sentar-se"* Essa é a tradução literal de *shikantaza* dada pelo *The Shambhala Dictionary of Buddhism and Zen.*

70 *"Você deve sentar-se..."* Hakuun Yasutani, em Philip Kapleau, *The Three Pillars of Zen* (Nova York: Doubleday, 1980) p. 128.

71 *"Zen do-não-importa..."* Yasutani, *Flowers Fall,* p. 19.

Um Pensamento a Mais: Se Realmente Vale a Pena Fazer, Convém Fazer Mesmo que Malfeito

72 *"The Joys of Mediocrity"* Linda Weltner, "The Joys of Mediocrity: Anything Worth Doing Is Worth Doing Badly", *Utne Reader,* Jan.-Feb. 1994, pp. 99-100, reprinted from *New Age Journal,* Sept.-Oct. 1993.
73 *"If a thing is worth doing,..."* G. K. Chesterton, *What's Wrong with the World* (Nova York: Dodd, Mead, 1910).
74 *"exige a humildade..."* David Yount, *Breaking Through God's Silence* (Touchstone Books, 1997).
75 *"Tenho observado que..."* Fred Craddock, "Cloud of Witnesses", fita cassete de um sermão proferido no dia 25 de maio de 1985 (Atlanta: Candler School of Theology Media Center, Emory University, 1985).